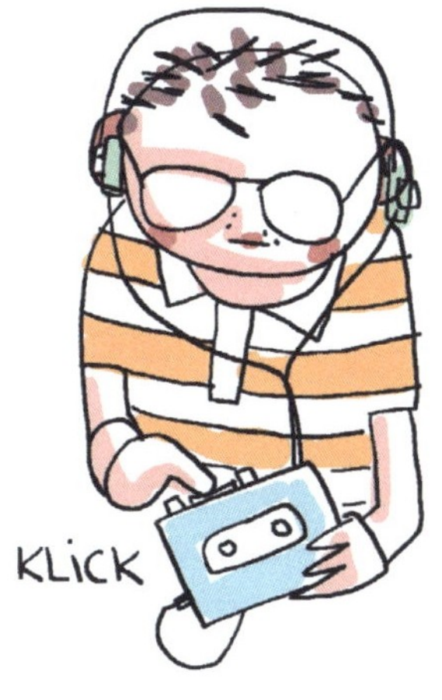
KLICK

Monarchie und Alltag
Ein Fehlfarben-Songcomic

Herausgegeben von
Gunther Buskies und Jonas Engelmann

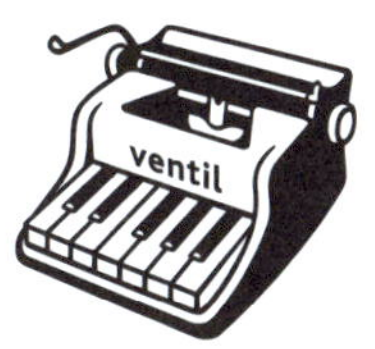

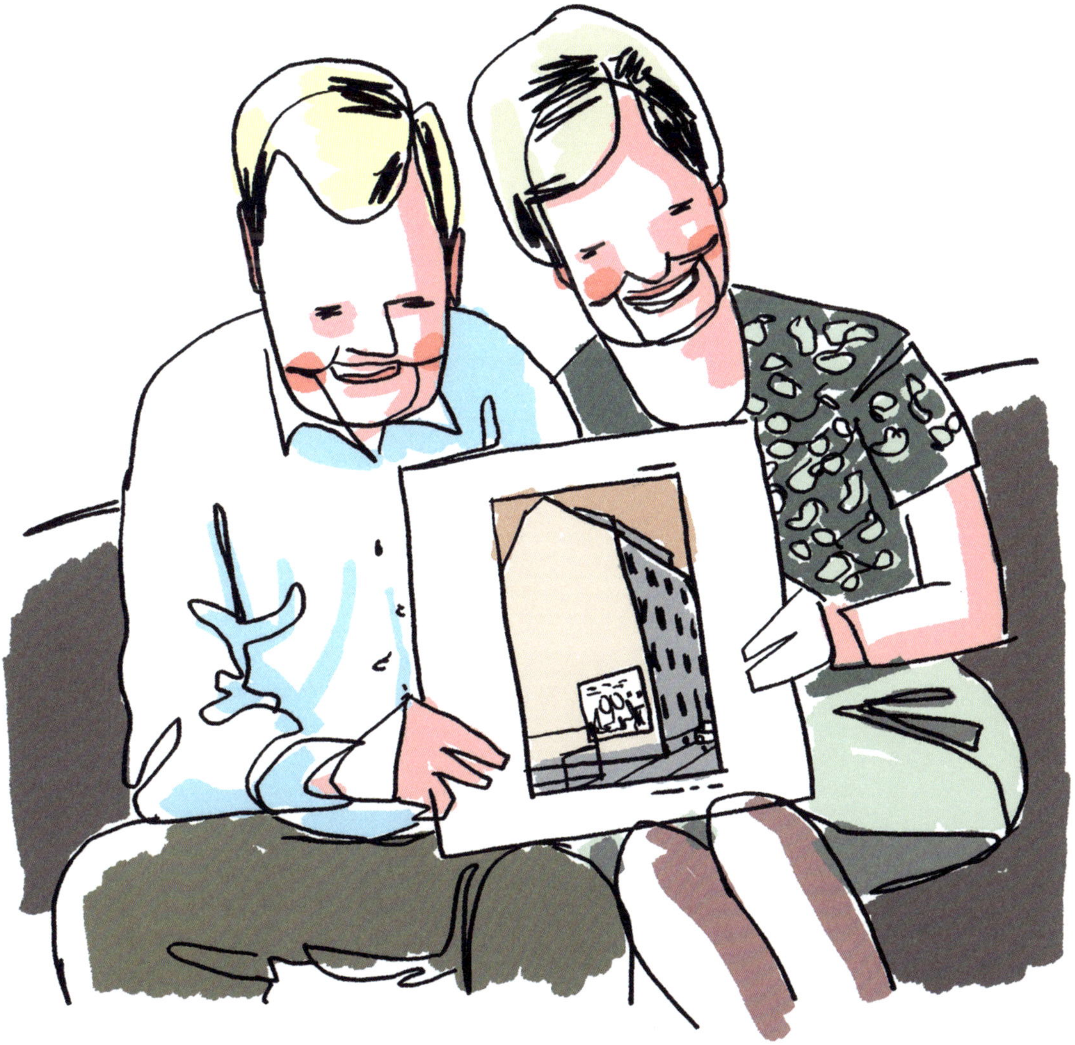

Die Herausgeber

Gunther Buskies wurde 1972 geboren und beschäftigte sich, soweit die eigene Erinnerung zurückreicht, schon immer mit Musik. 2002 gründete er das Indie-Pop-Label Tapete Records und wenig später das auf elektronische und experimentellere Klänge spezialisierte Label Bureau B. Bislang veröffentlichte er international über 700 Alben. Er ist selbst als Musiker, Komponist und Texter aktiv, unter anderem in der Band Die Liga der gewöhnlichen Gentlemen.

Jonas Engelmann ist studierter Literaturwissenschaftler, ungelernter Lektor und freier Journalist. Er hat über Gesellschaftsbilder im Comic promoviert, schreibt über Filme, Musik, Literatur, Feminismus, jüdische Identität und Luftmenschen für Jungle World, Neues Deutschland, konkret, Zonic, Missy Magazine und andere und ist Teil der testcard-Redaktion.

Inhalt

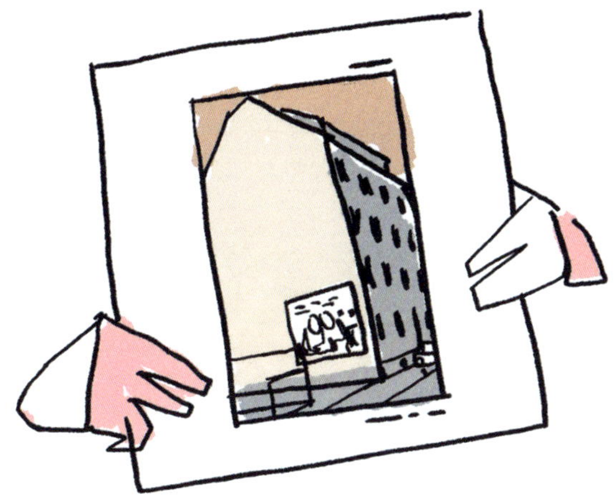

Monarchie und Alltag

Erschienen Oktober 1980
Aufgenommen Juni bis September 1980
in den EMI Studios Köln
Produziert von Horst Luedtke und Fehlfarben

Besetzung:
Uwe Bauer: Drums
Frank Fenstermacher: Saxophon
Peter Hein: Gesang
Michael Kemner: Bass
Thomas Schwebel: Gitarre

»Die einzige deutsche Platte des Punk, die zählt.«
(Rolling Stone)

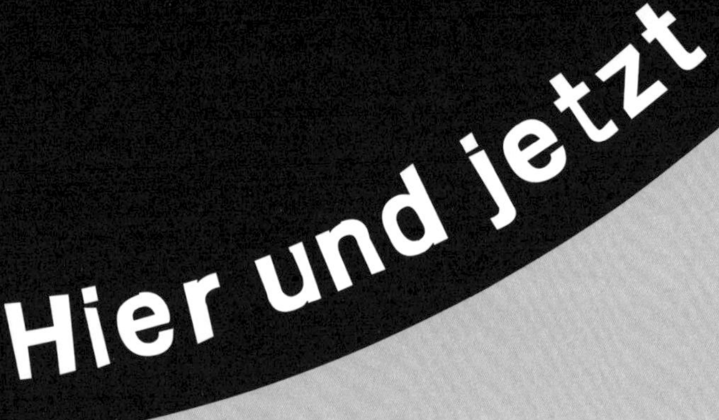

Hier und jetzt

Gleich zu Anfang die Slogan-Maschine, die Zitat-Hölle. Ohne wirklich genau zu wissen, was oder wer die zweite Hälfte des Himmels eigentlich ist. Dafür kannten wir andere Zitate: Die *Weathermen*, die einem nichts erzählen können, die Schatten der Vergangenheit, die über allem lagen, was wir dachten und taten. Und gleichzeitig eine Standortbestimmung: Alles andere als gerade das, was hier und jetzt passiert, ist uninteressant, langweilig, hat uns nichts zu sagen, hat keine Bedeutung. Eines der frühesten Stücke der Platte und das ideale erste Stück, wie wir sofort fanden. Auch auf den Konzerten war es das fast immer.

Thomas Schwebel

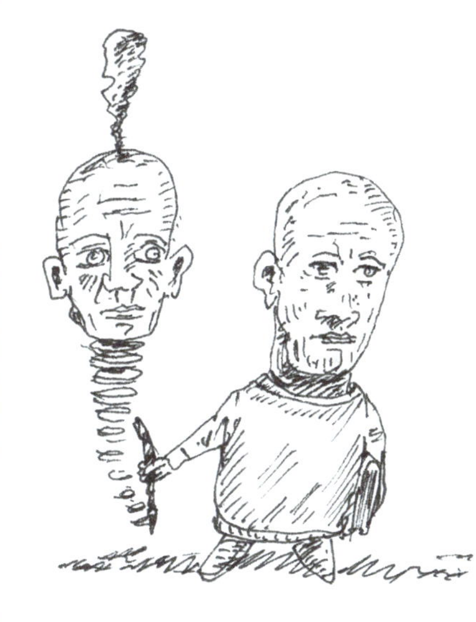

Die fremdartige Kopplung des Begriffspaars »Monarchie und Alltag« faszinierte mich unmittelbar, da sie sich analytisch nicht auflösen lassen wollte. Dass es einen Alltag gab, war nicht zu leugnen, aber in welchem Verhältnis zu ihm stand die Monarchie? Ohne es erklären zu können, meinte ich dennoch unmittelbar zu verstehen, was gemeint war: Das Andere des Alltags war keine Alternative, sondern erst recht das Falsche, das, was den Alltag überhaupt erst grau und trostlos erscheinen ließ. Anders als kurz zuvor noch Ton Steine Scherben, die sich Schritt für Schritt zum Paradies bewegen wollten, war bei Fehlfarben der Traum bereits ausgeträumt, die Alternativen als naive Utopien enttarnt. Wohin also? Der erste Song des Albums eröffnete gleich mit dem Versuch, darauf eine Antwort zu finden. Die Musik zeigte klare Kante, der Text schien ihm zu sekundieren, blieb aber auch beim zweiten und dritten Hinhören nie eindeutig fassbar. Was bedeutete zum Beispiel die Nennung der zweiten Hälfte des Himmels, ein damals gängiges Symbol der Frauenbewegung? Warum hatte es keinen Sinn, Radio zu hören, wo damals doch wenigstens ab und zu noch Fehlfarben dort liefen? Wurde hier nicht das Kind mit dem Bade ausgekippt, einer Allgemeinverweigerung das Wort geredet bzw. gesungen? Mitnichten. Der Text bleibt bewusst ungenau, weil er allein dadurch immer wieder im aktuellen Moment zusammen mit der Musik neu entstehen kann. Es sind Begriffe und Phrasen, die aus dem Augenblick heraus kanalisiert werden, sich der Auflösung verweigern und deshalb bei jedem Hören neu und anders erscheinen. Gerade weil die Reime stolpern und nicht ausgebügelt wurden, gerade weil die Bilder in einem Furor herbeigesungen und nicht auf ihre genauen Hintergründe untersucht werden, hat der Song auch heute noch nichts von seiner Dynamik verloren. Denn das Ich, auf das trotzig beharrt wird, zerspringt ebenso wie die Welt, in der es seinen Platz zu behaupten sucht.

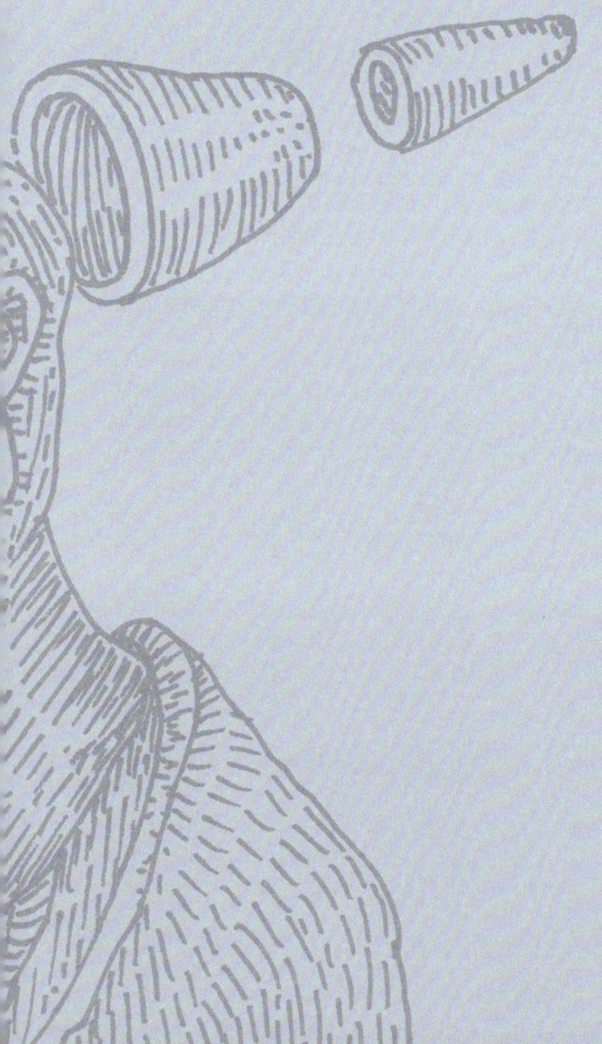

Frank Witzel

Frank Witzel

Hier und jetzt

HIER UND JETZT

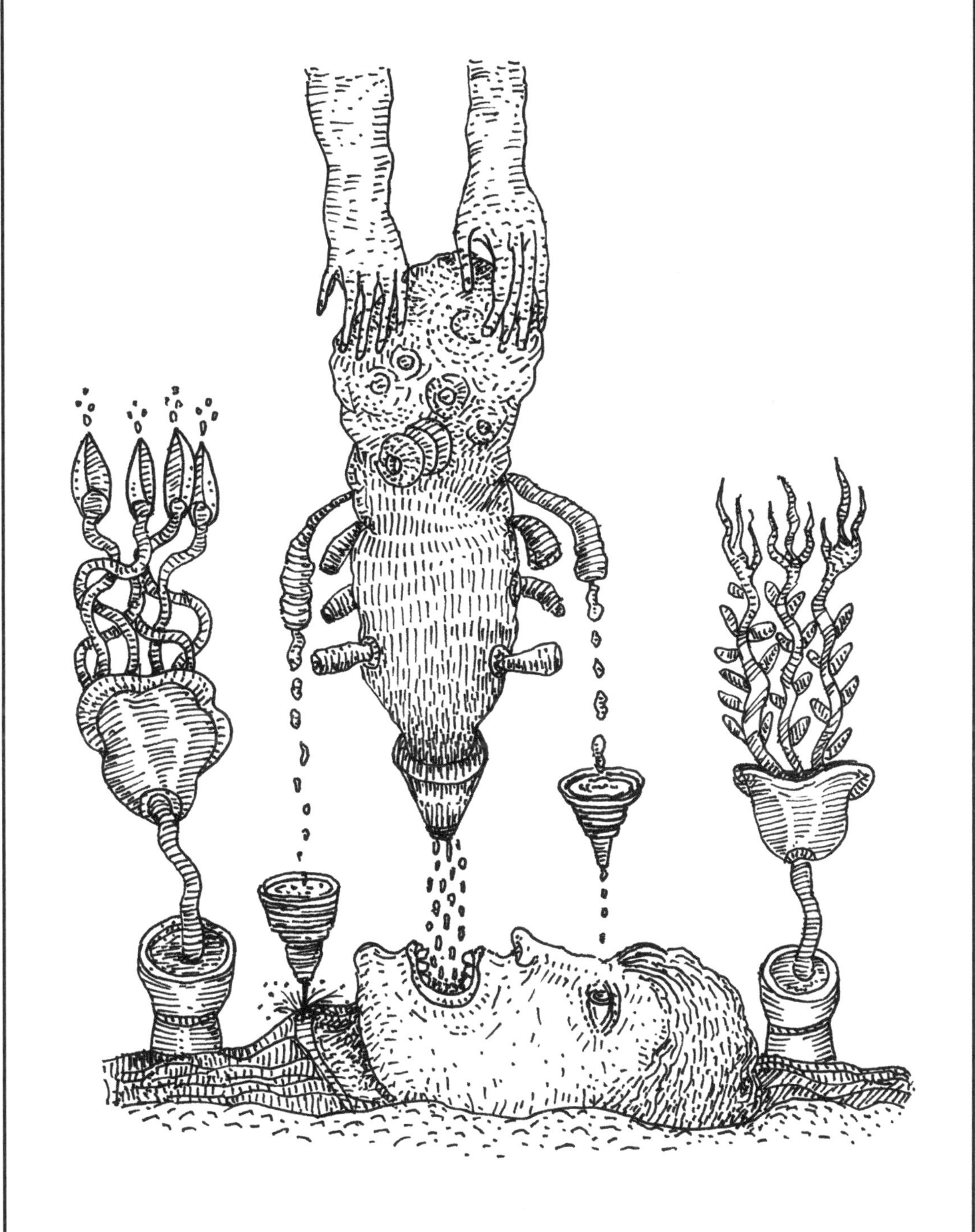

FRANK WITZEL

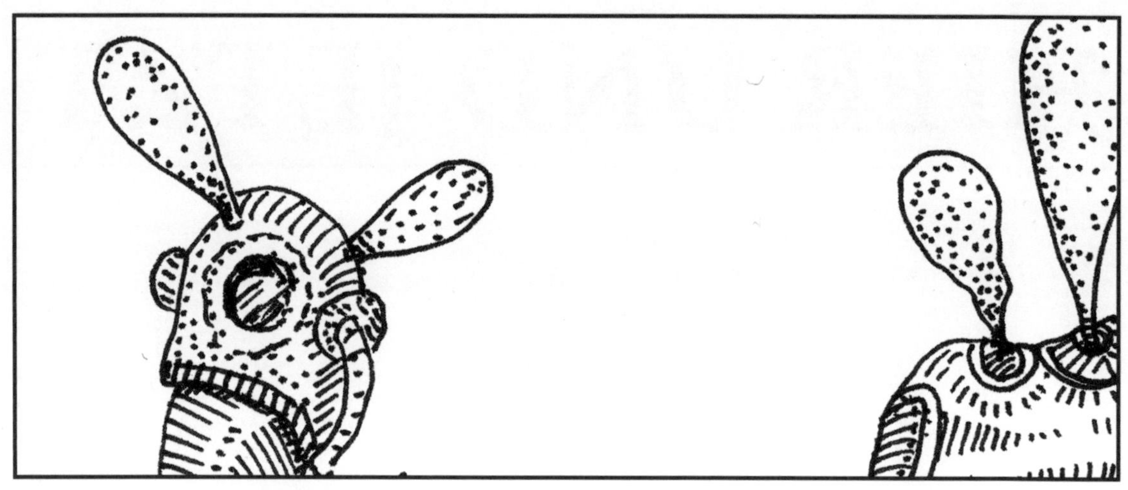

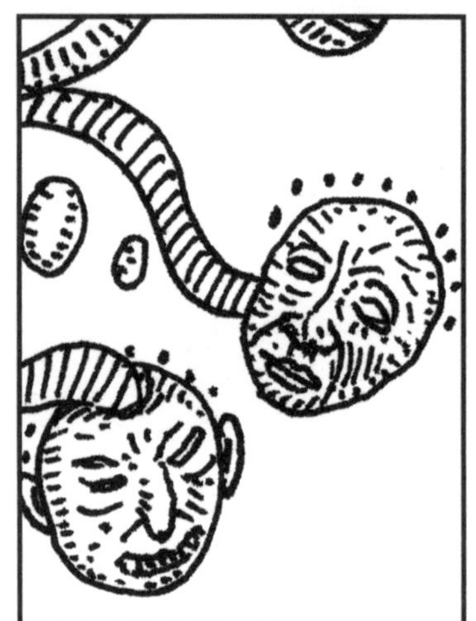

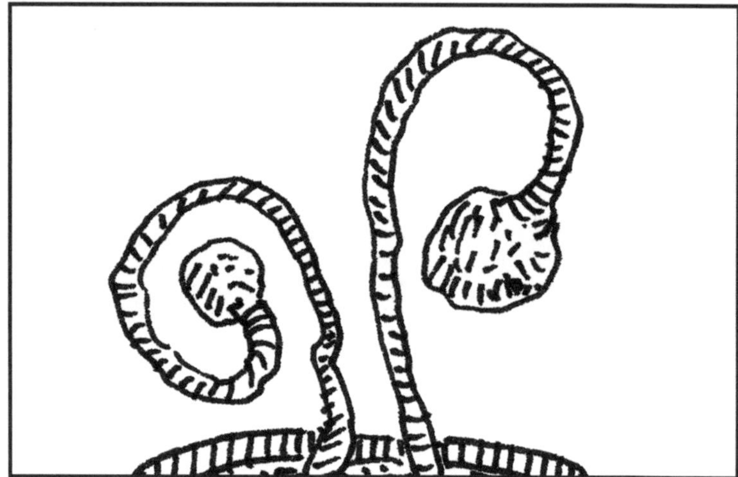

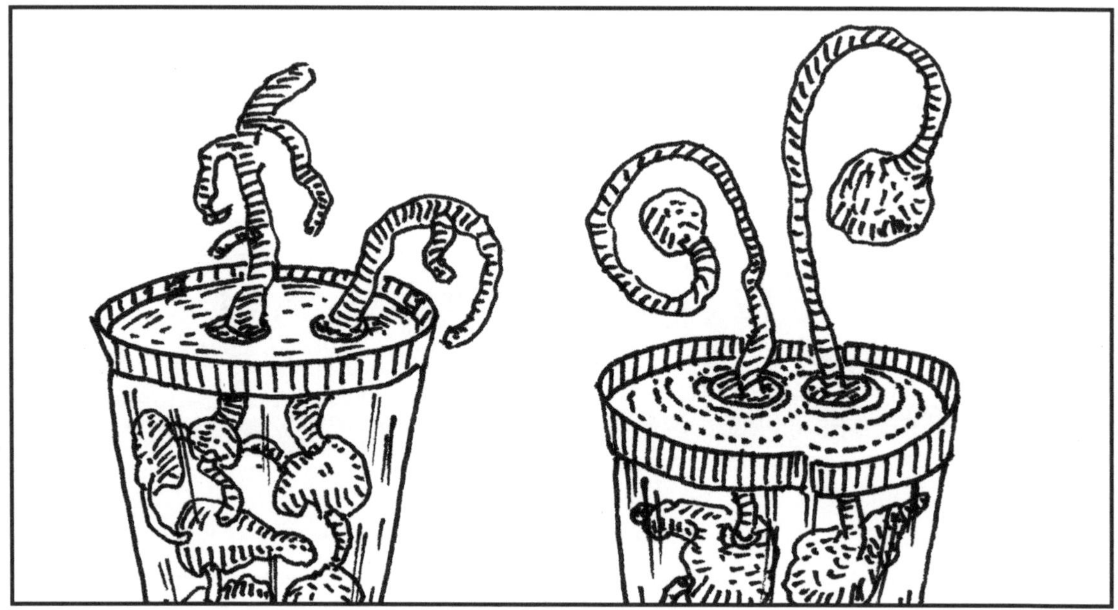

Die Schatten der Vergangenheit

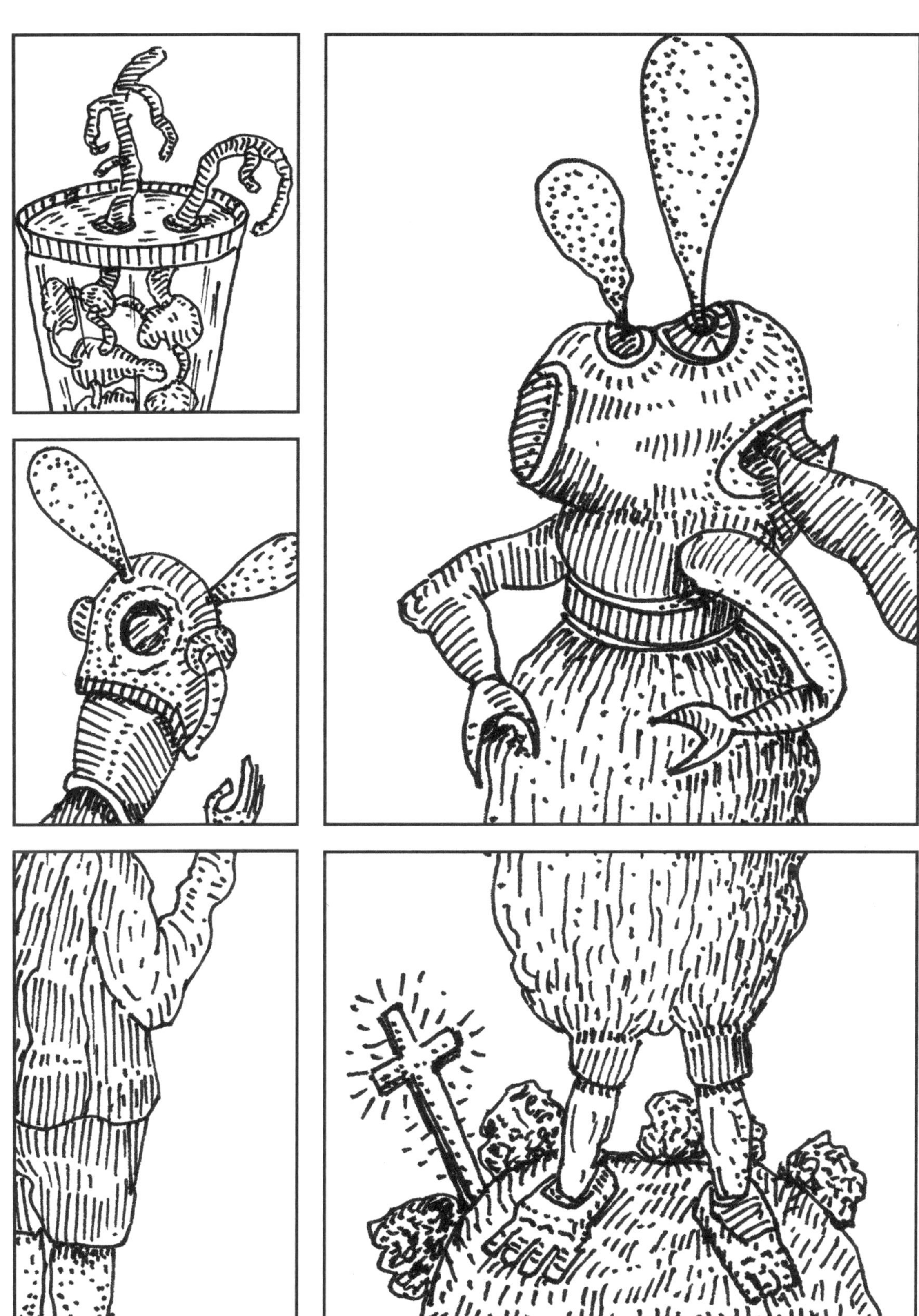

Wo ich auch geh, da sind sie nicht weit

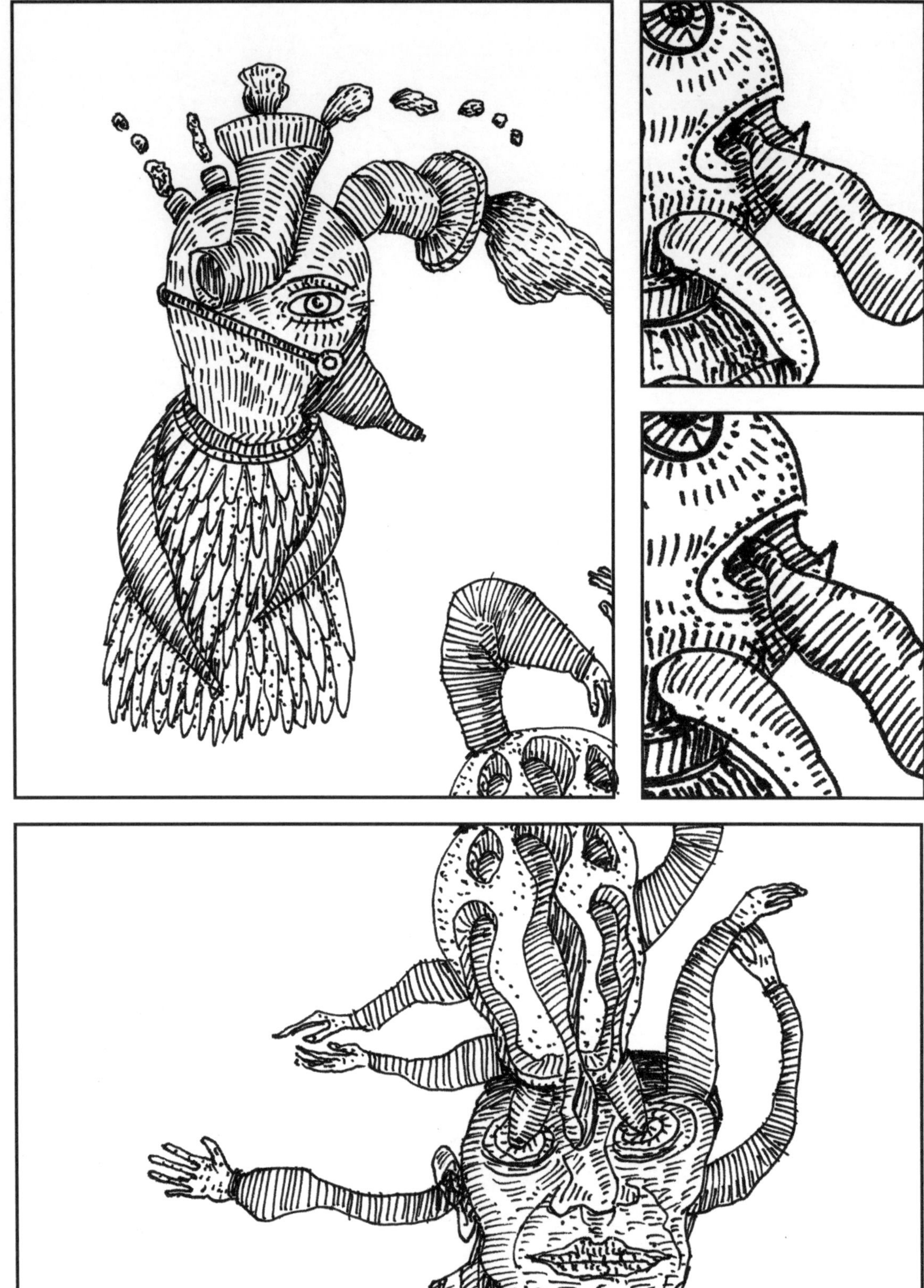

Ich weiß nicht einmal, wer ich bin

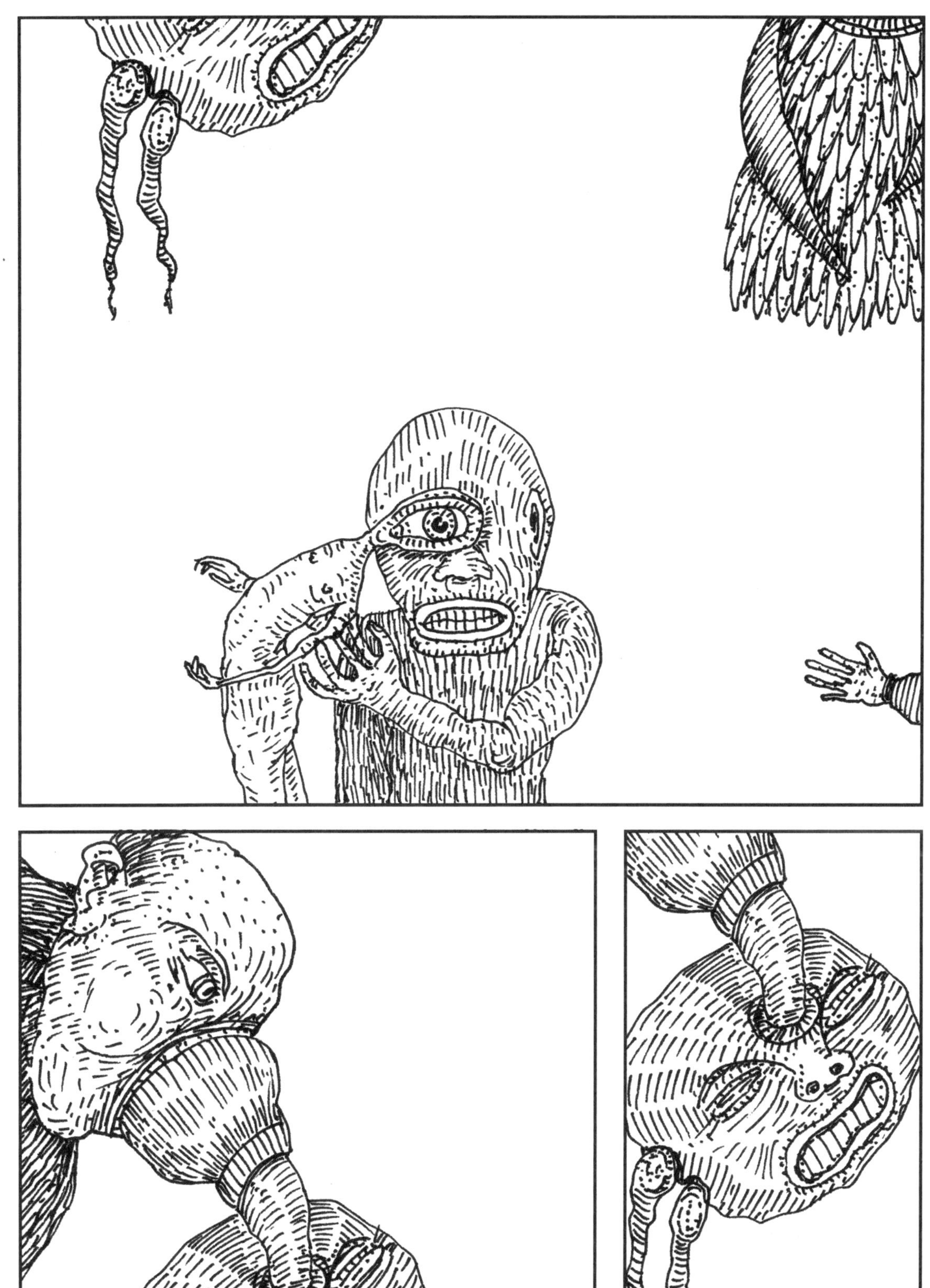

In der Zeitung zu lesen, das hat keinen Sinn

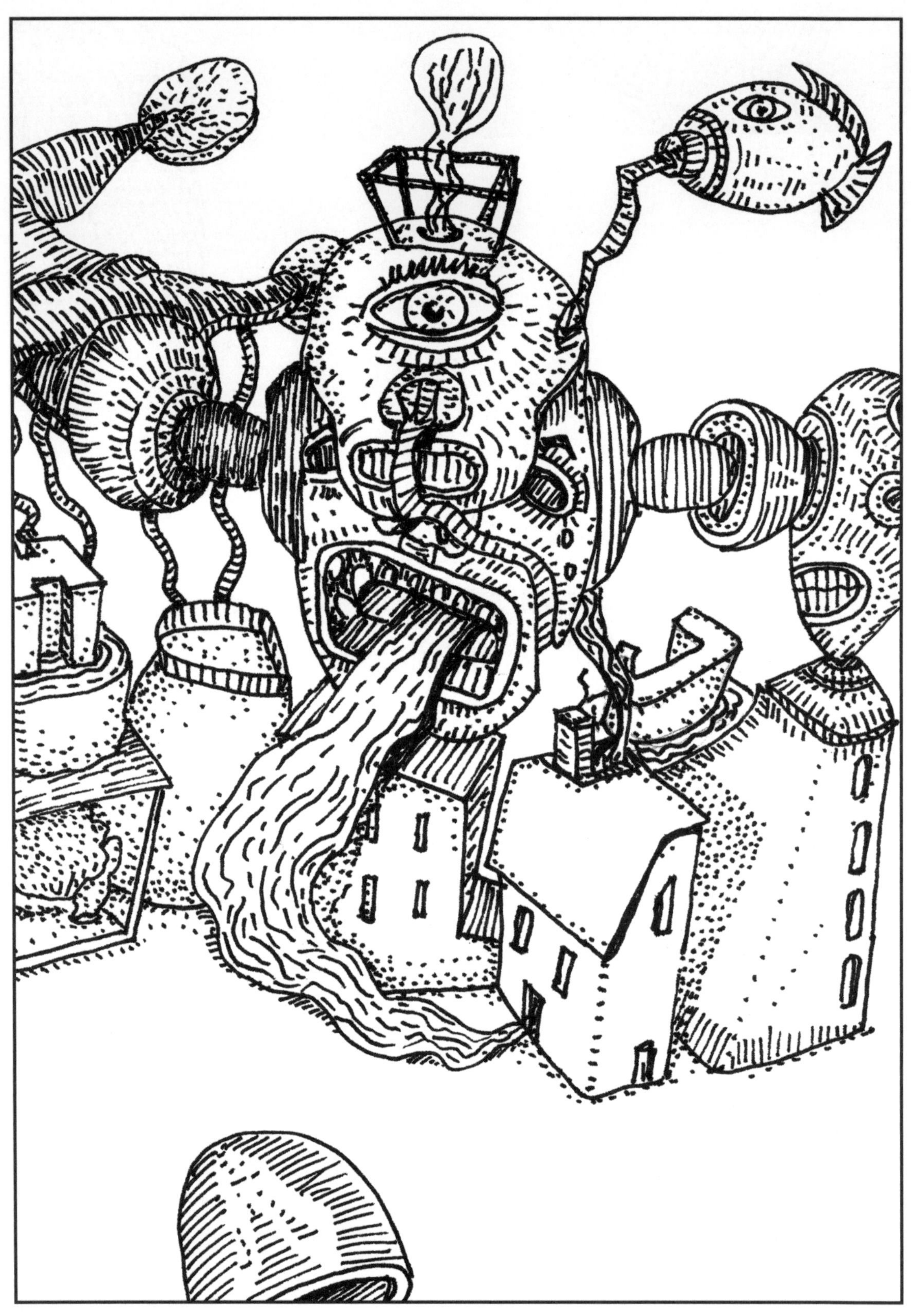

Die zweite Hälfte des Himmels könnt ihr haben

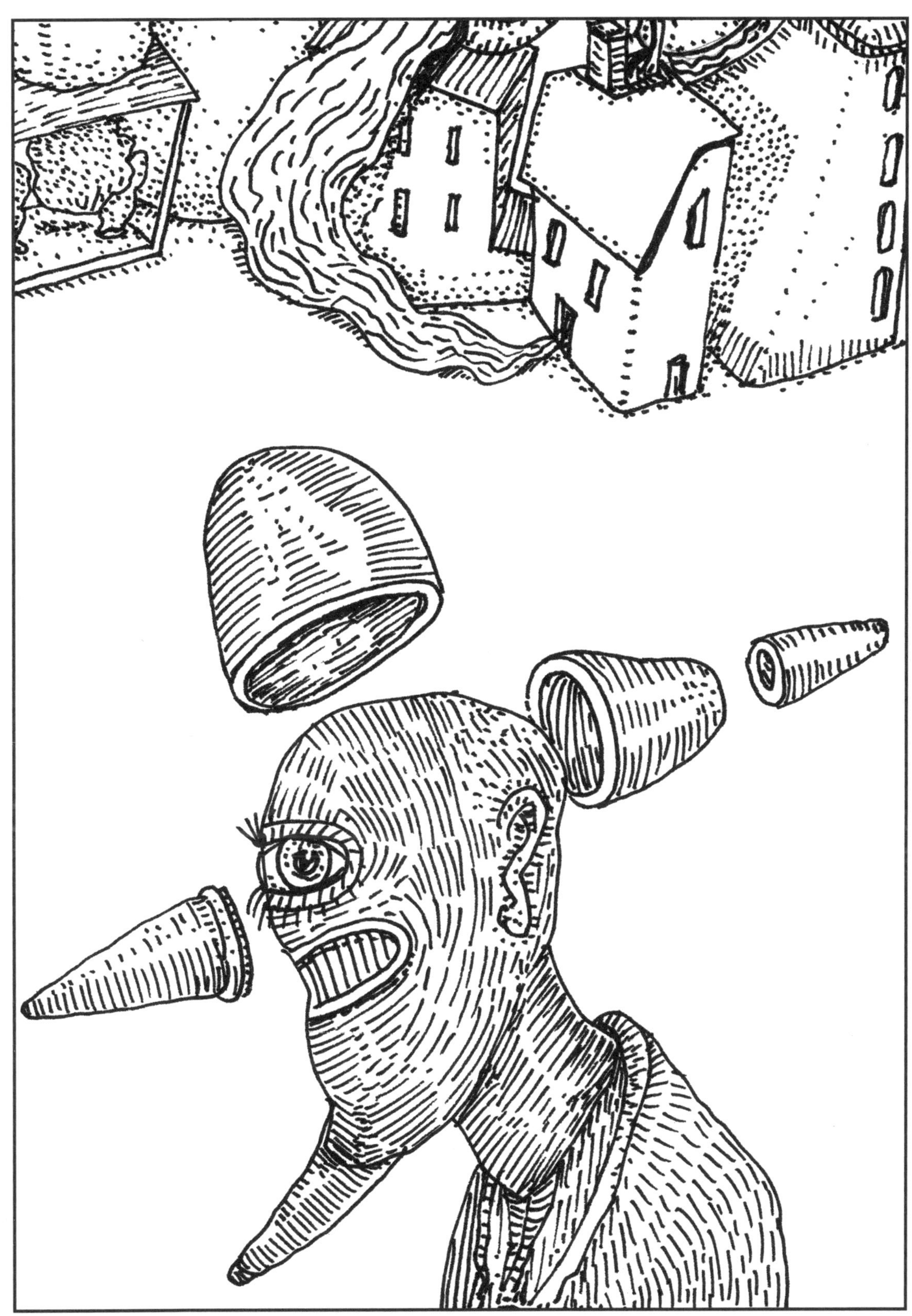

Das Hier und Jetzt, das behalte ich

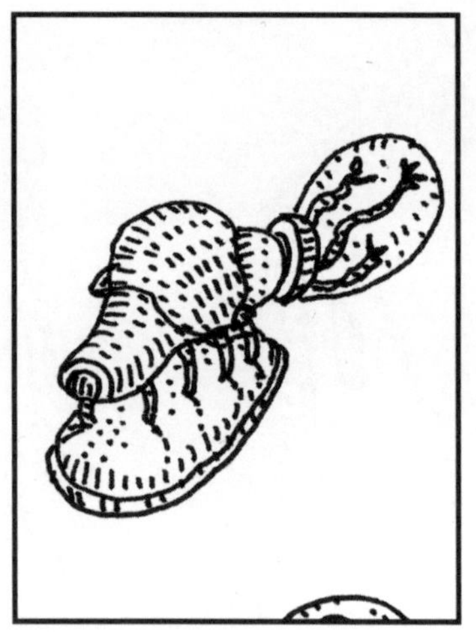
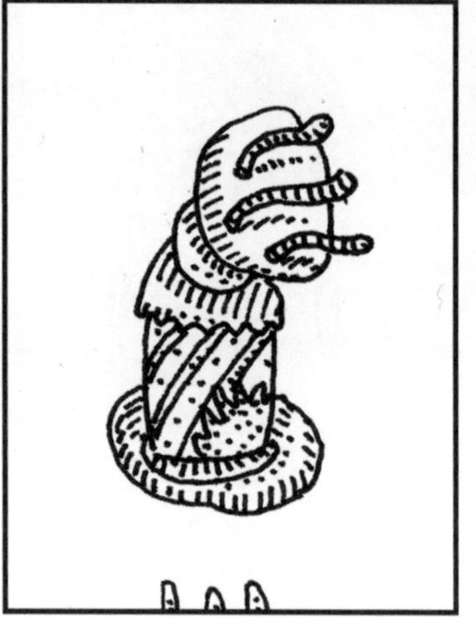
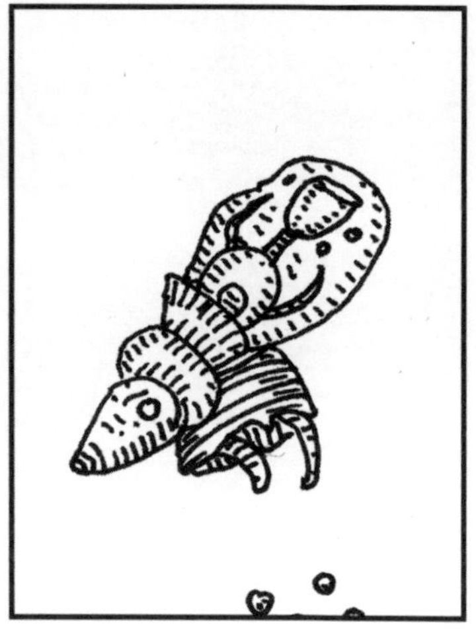

Die Gegenwart ist auch nicht berauschend

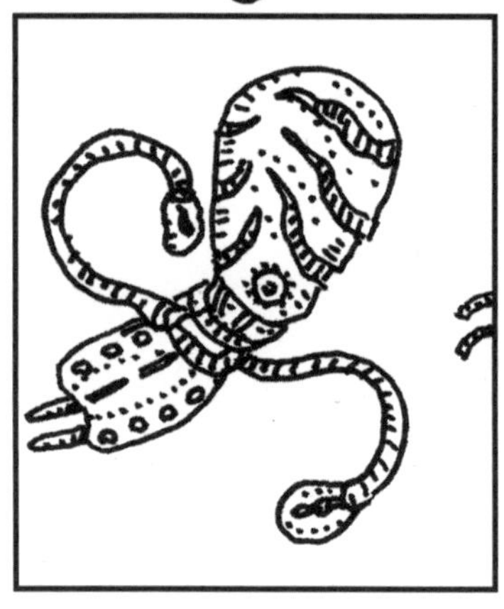
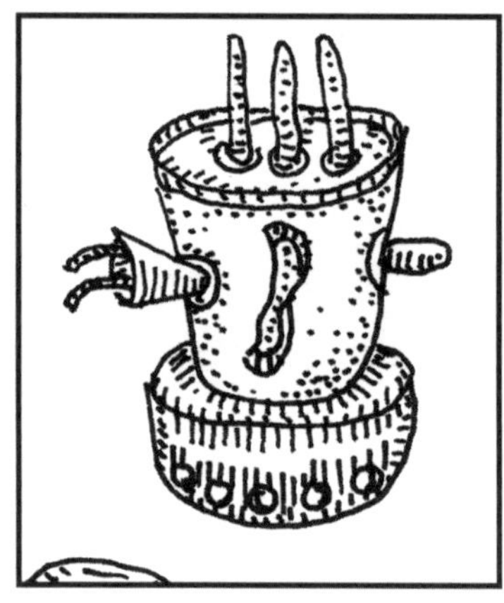
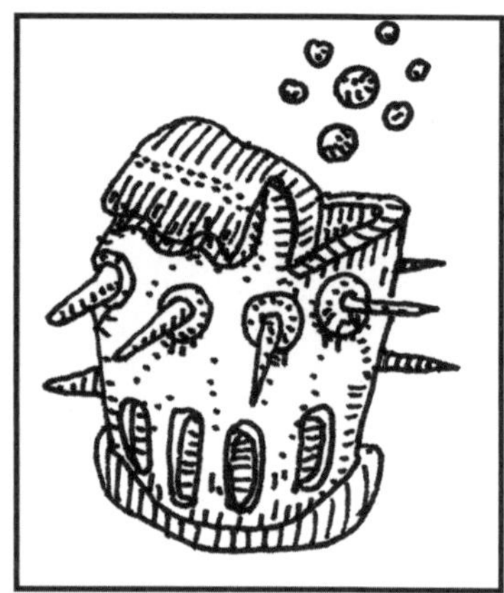
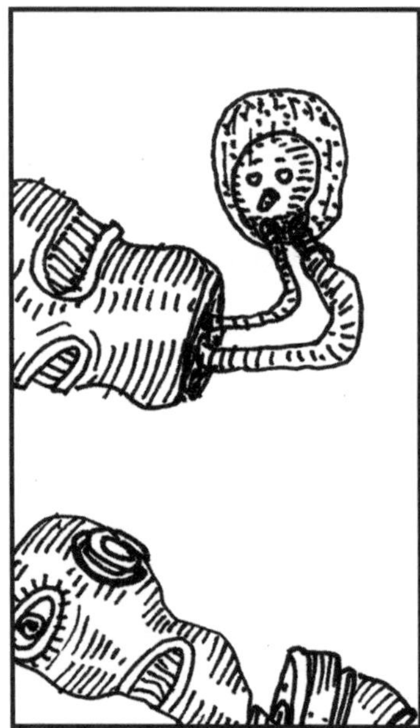
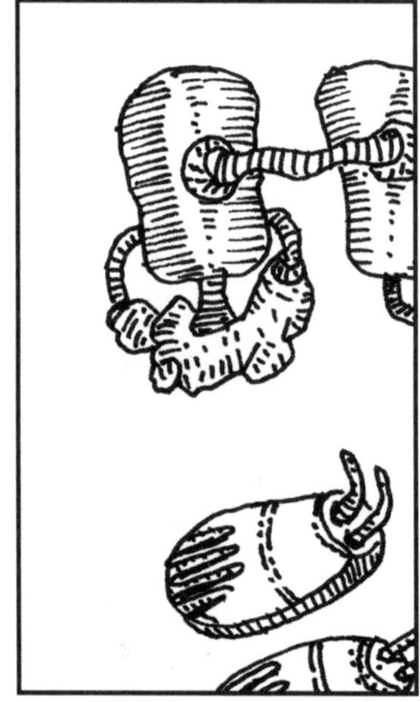
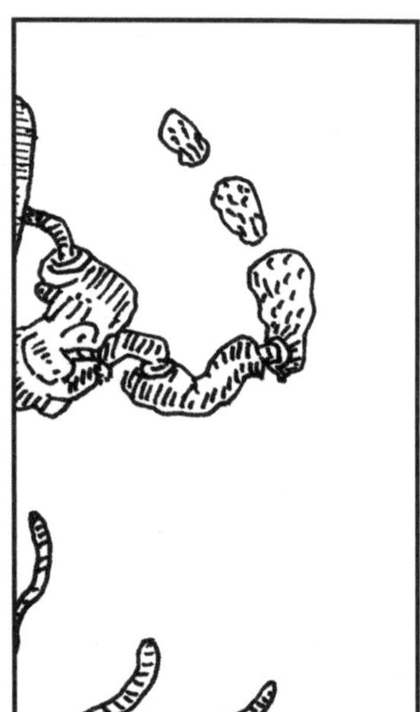

Es gibt zuviel Leute, die mich belauschen

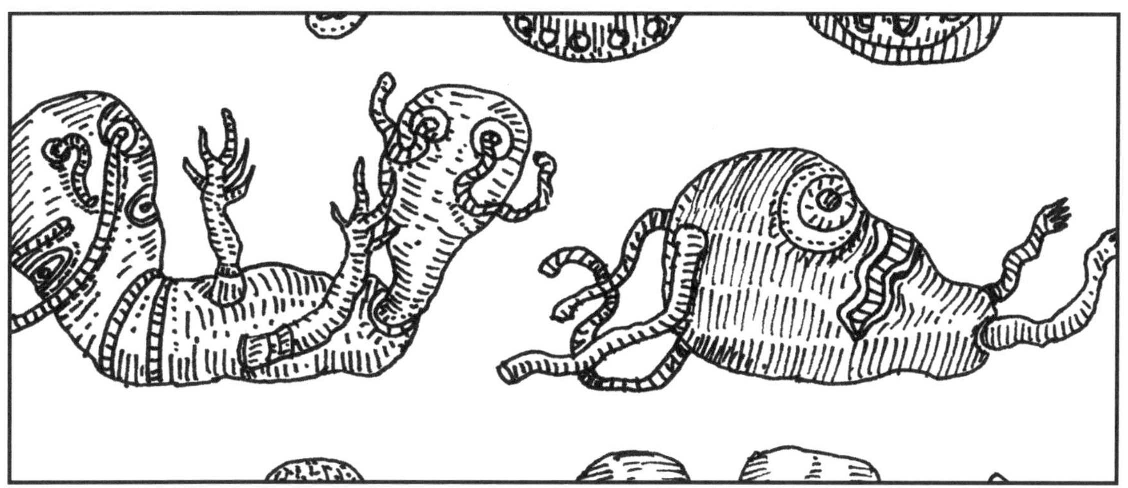

Ich weiß nicht einmal, wo ich bin

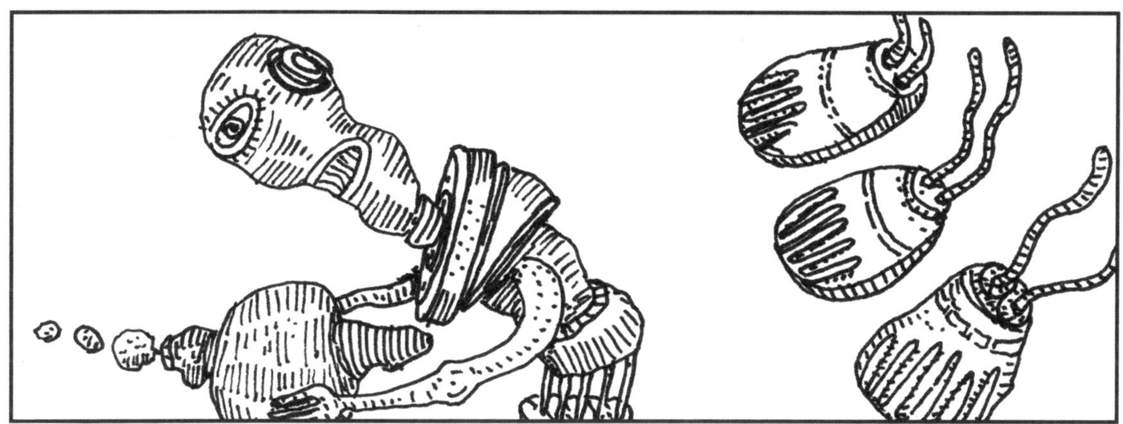

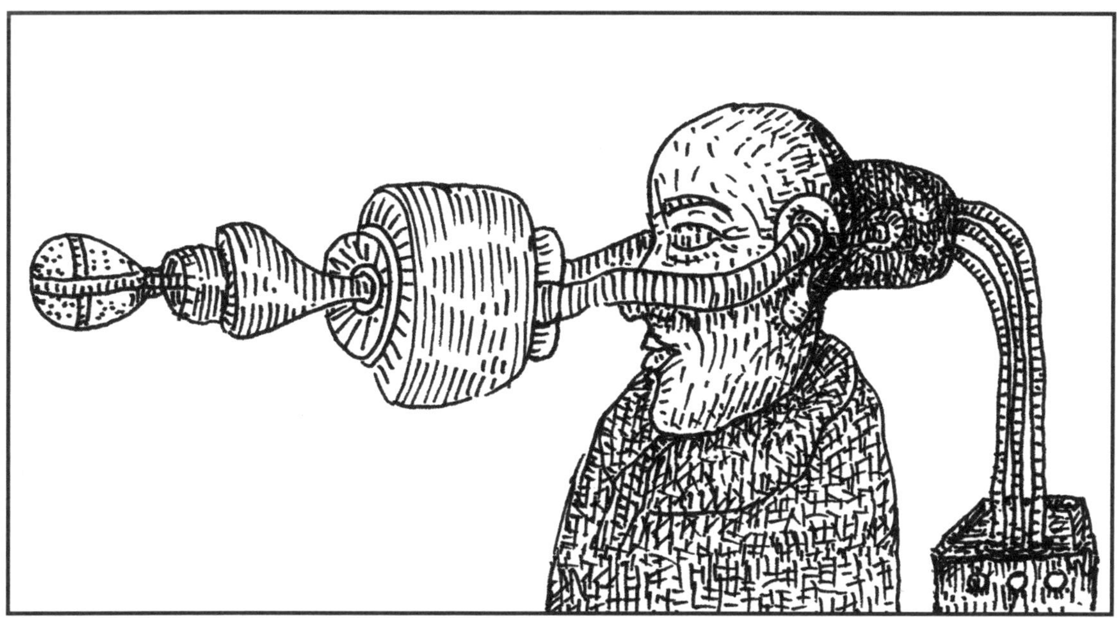

Im Radio zu hören, das hat keinen Sinn

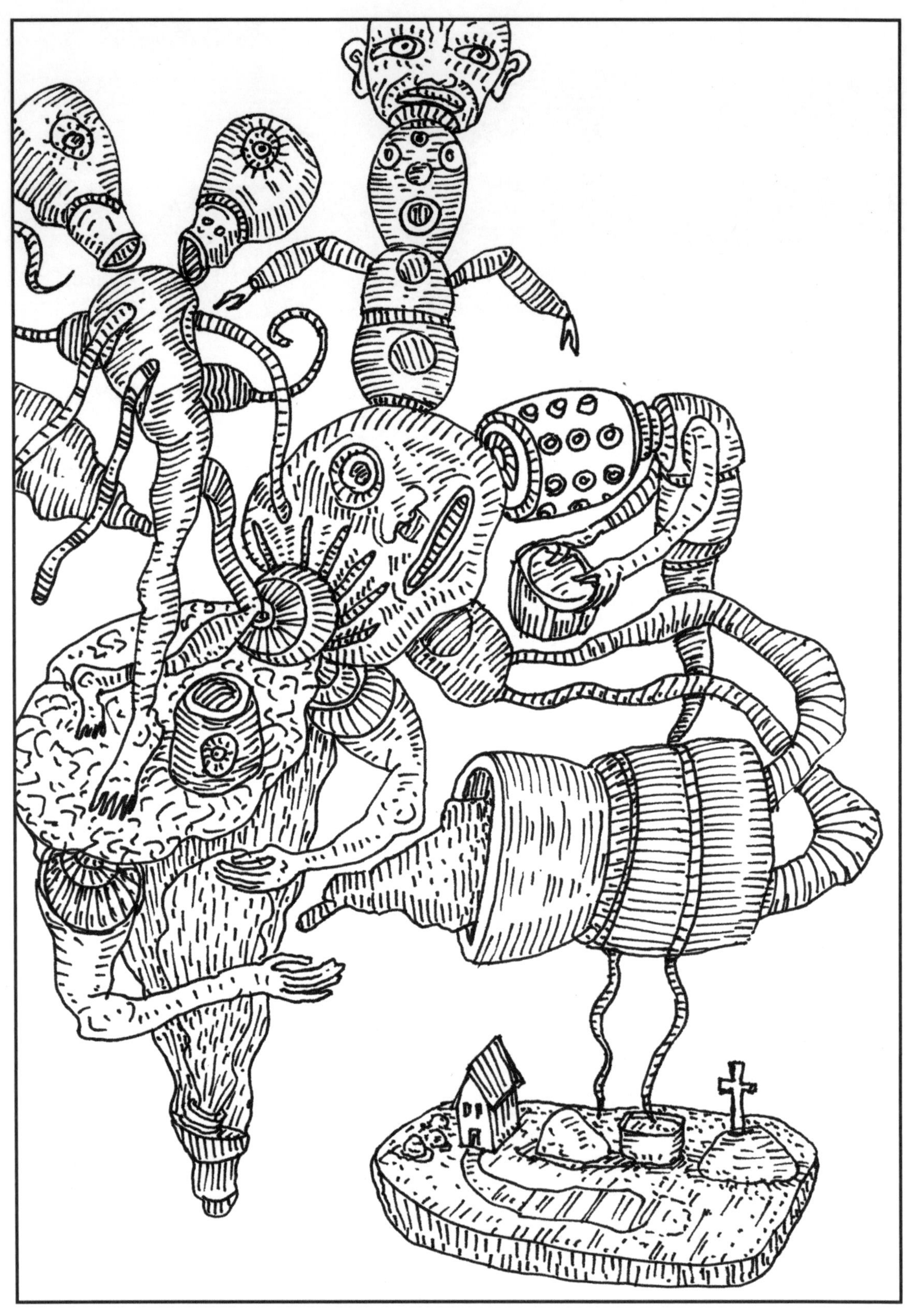

Die zweite Hälfte des Himmels könnt ihr haben

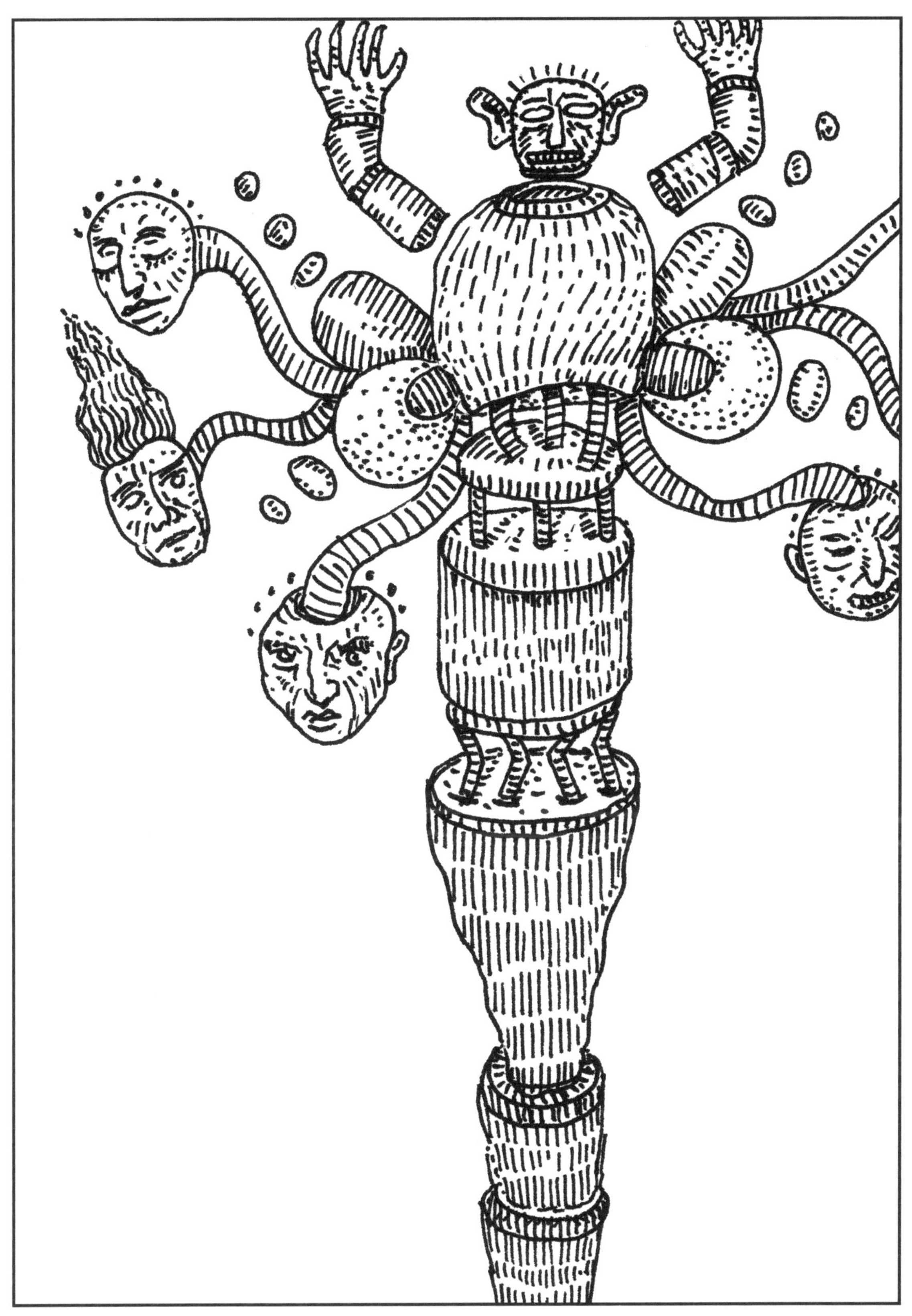

Das Hier und das Jetzt, das behalte ich

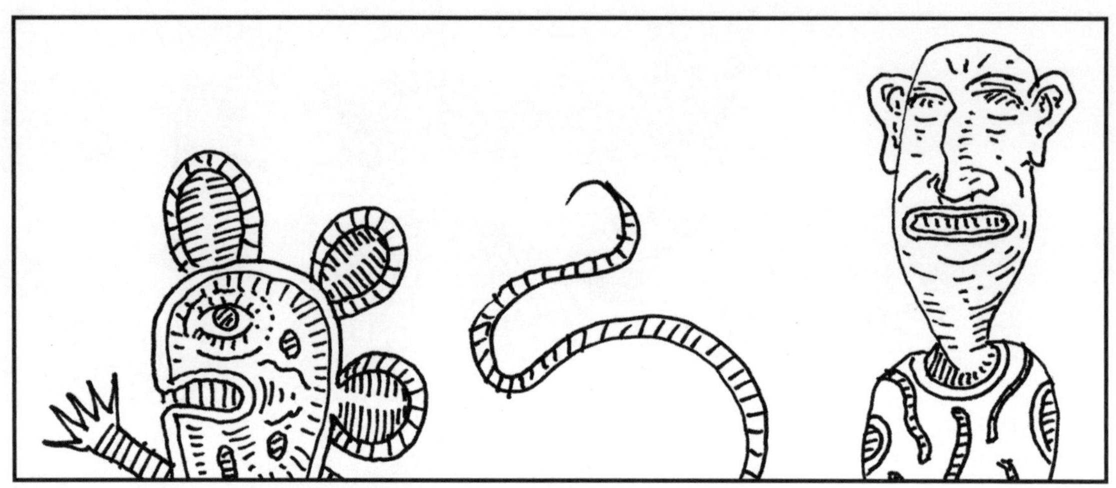

Die Zukunft wird auch nicht bewältigt

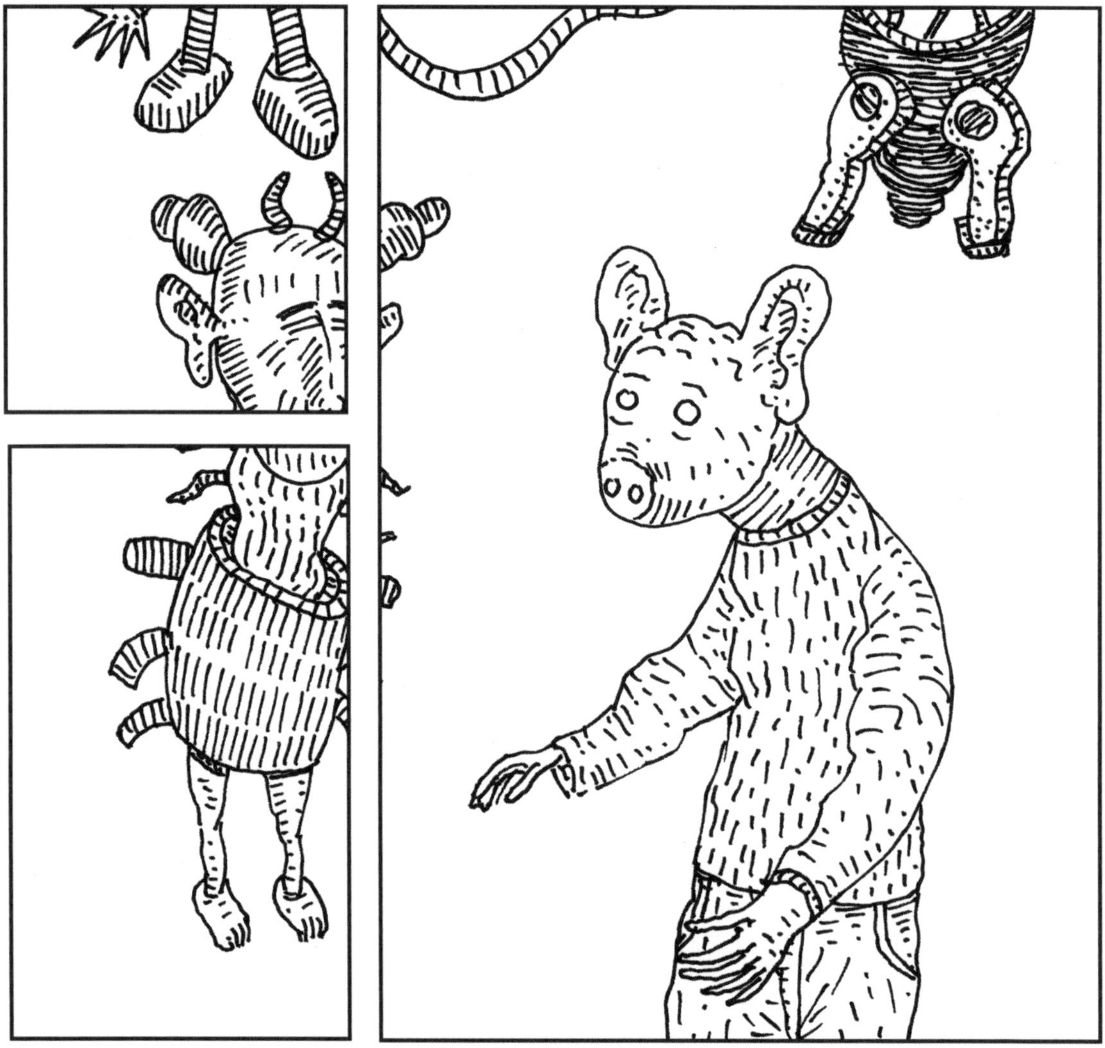

Der Kopf ist größer als der Hut

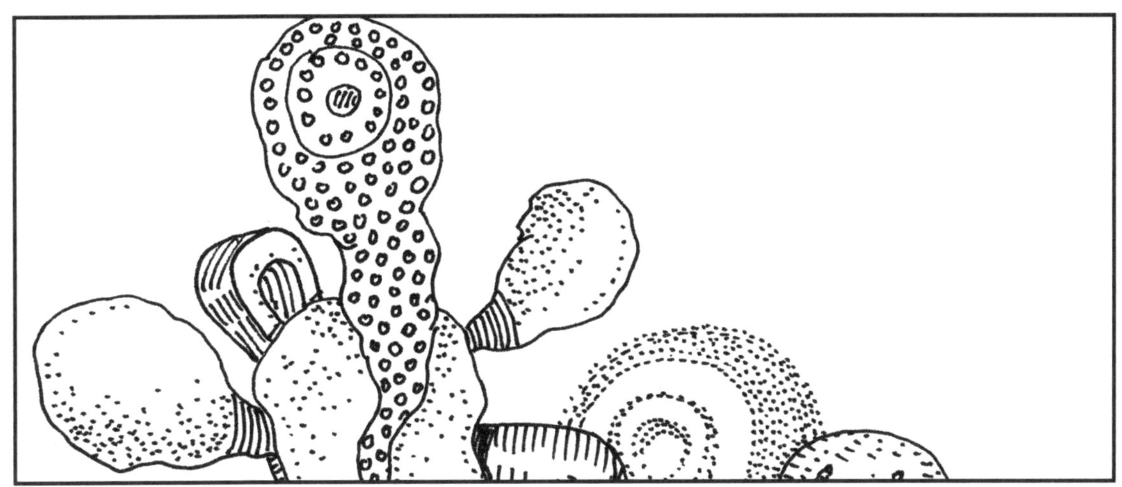

Ich weiß nicht mehr, woher der Wind weht

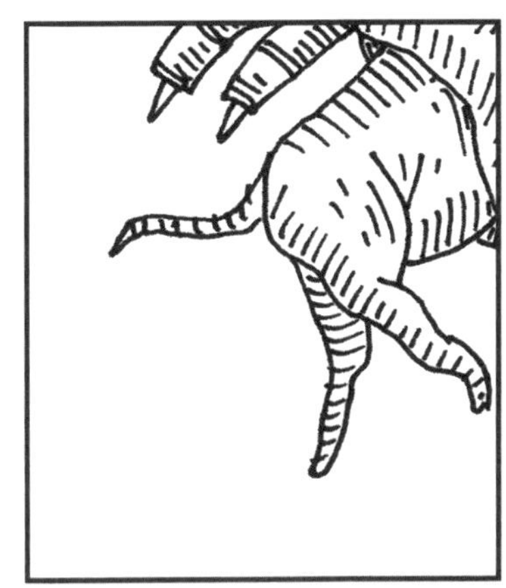

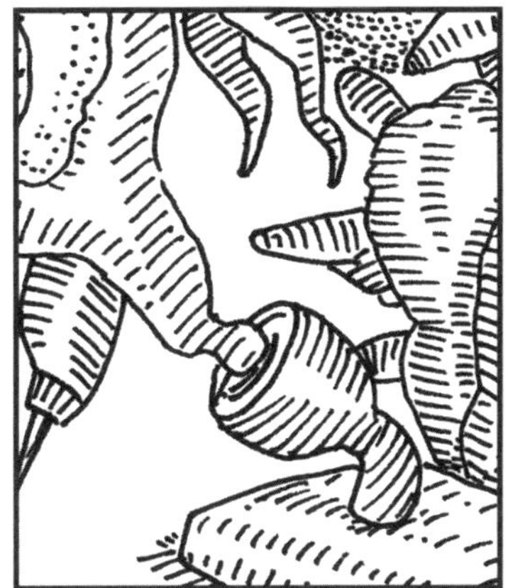

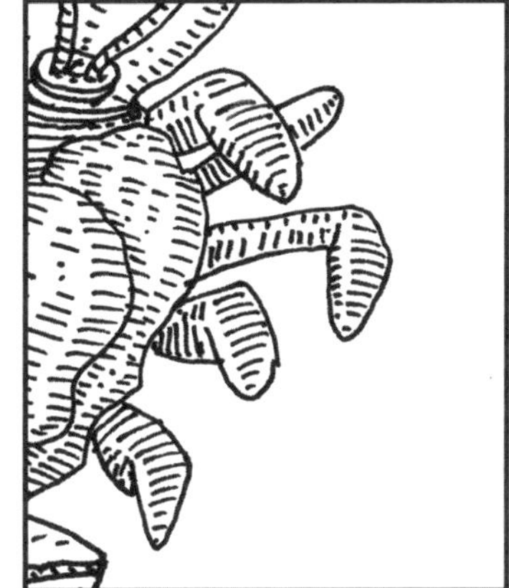

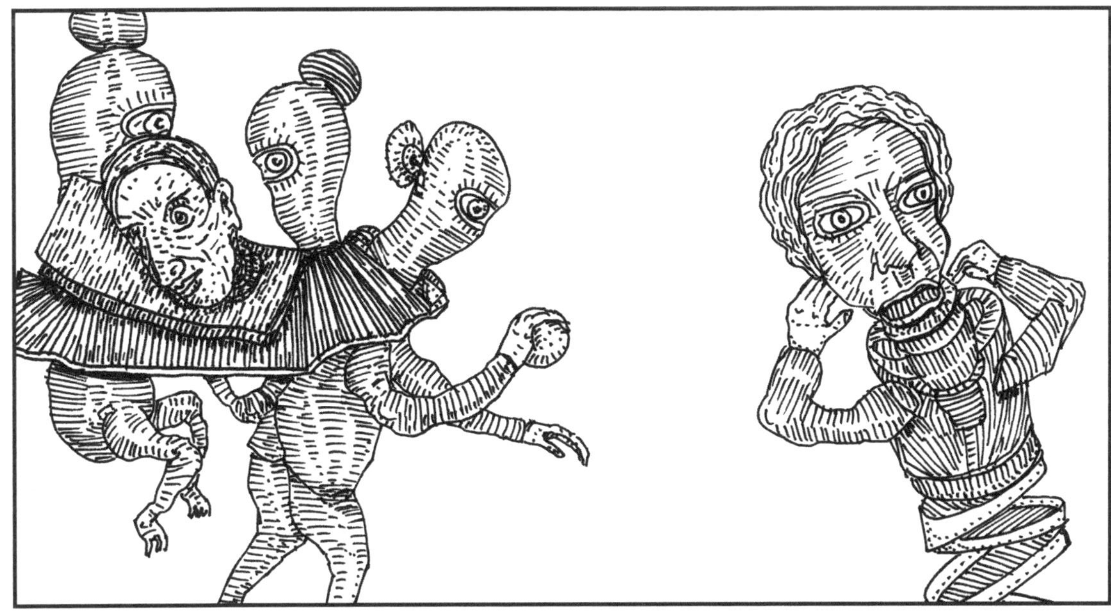

Ganz egal, was im Wetterbericht steht

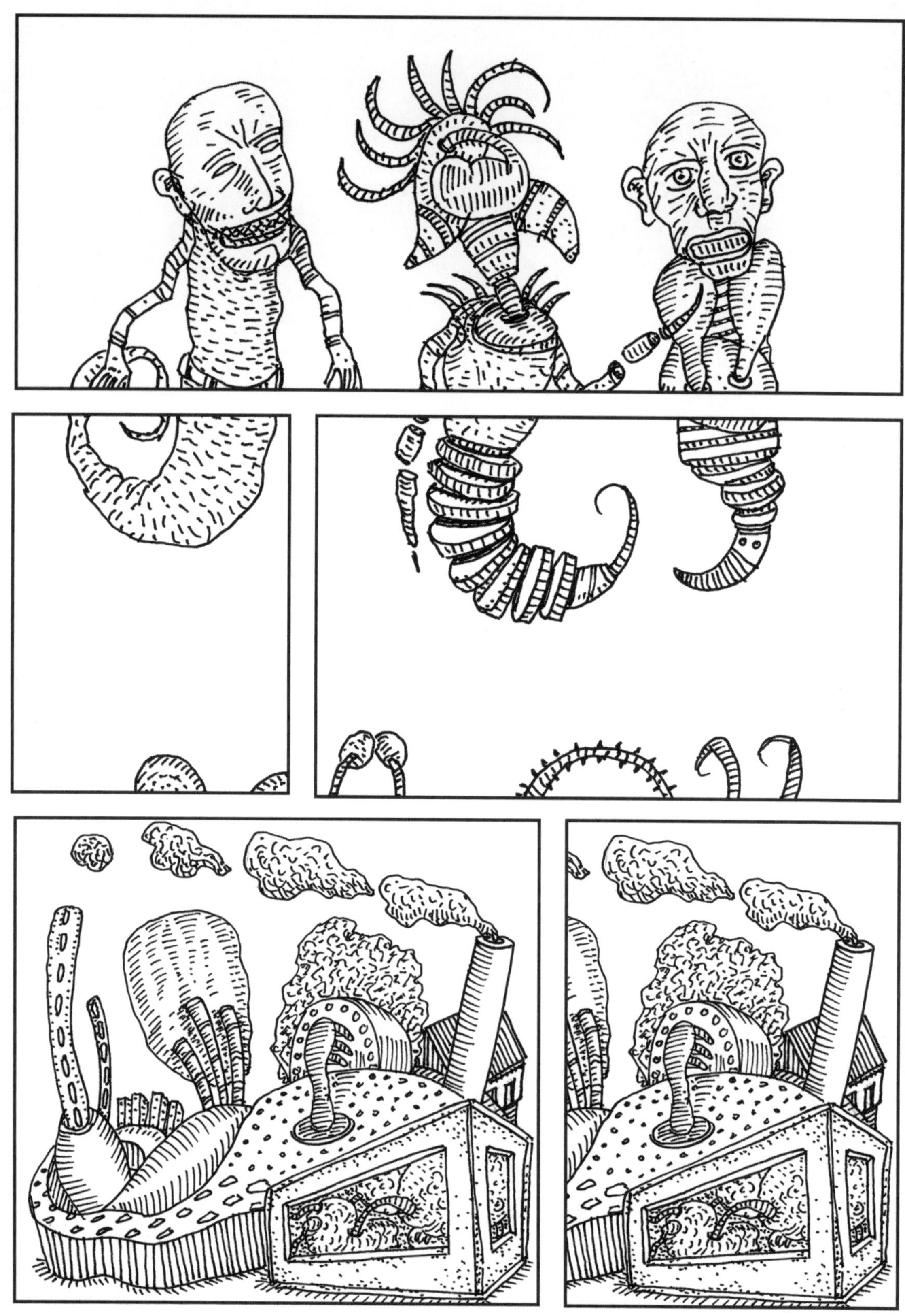

Die zweite Hälfte des Himmels könnt ihr haben

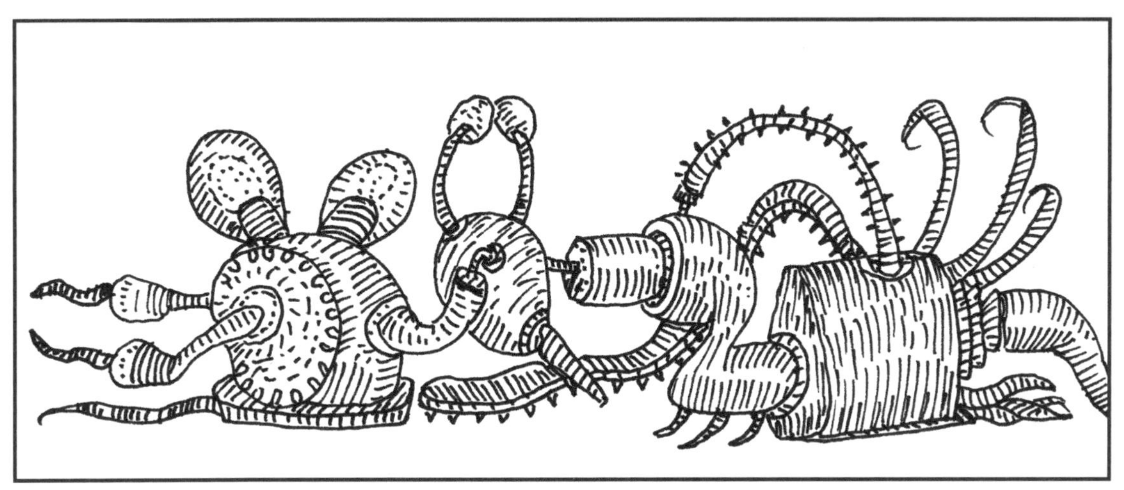

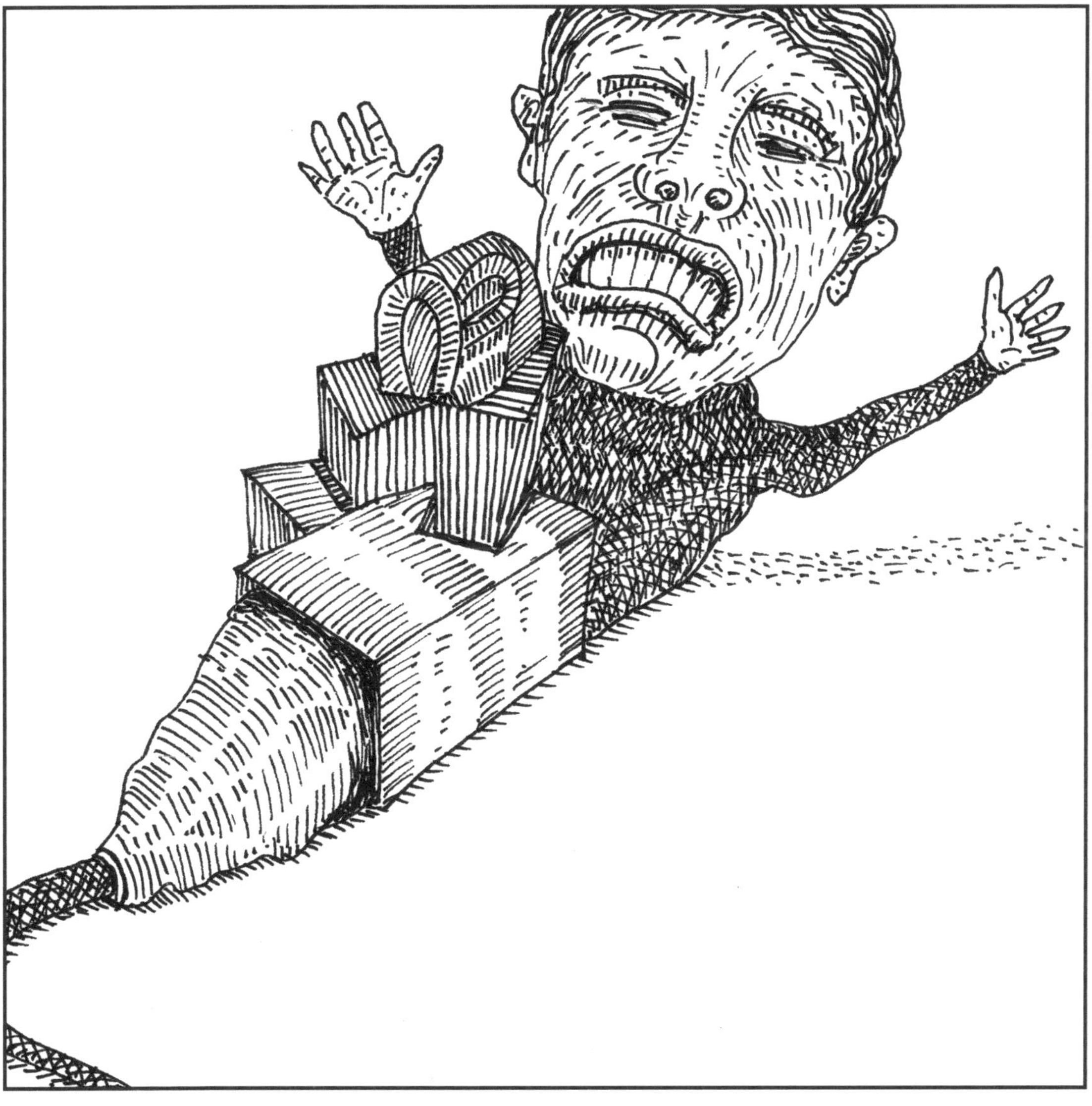

Denn im Hier und Jetzt, da seh' ich nur mich

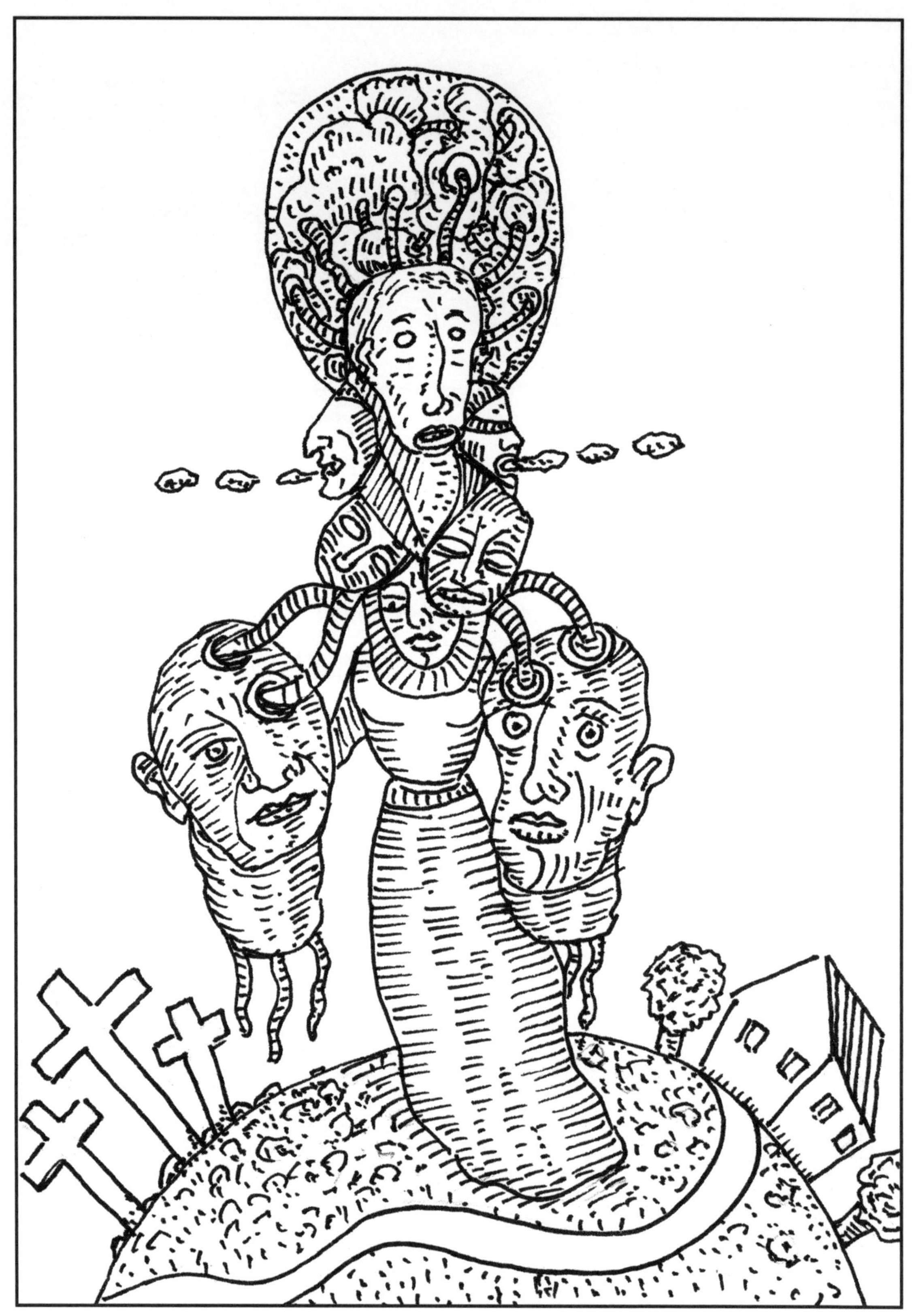

Die zweite Hälfte des Himmels könnt ihr haben

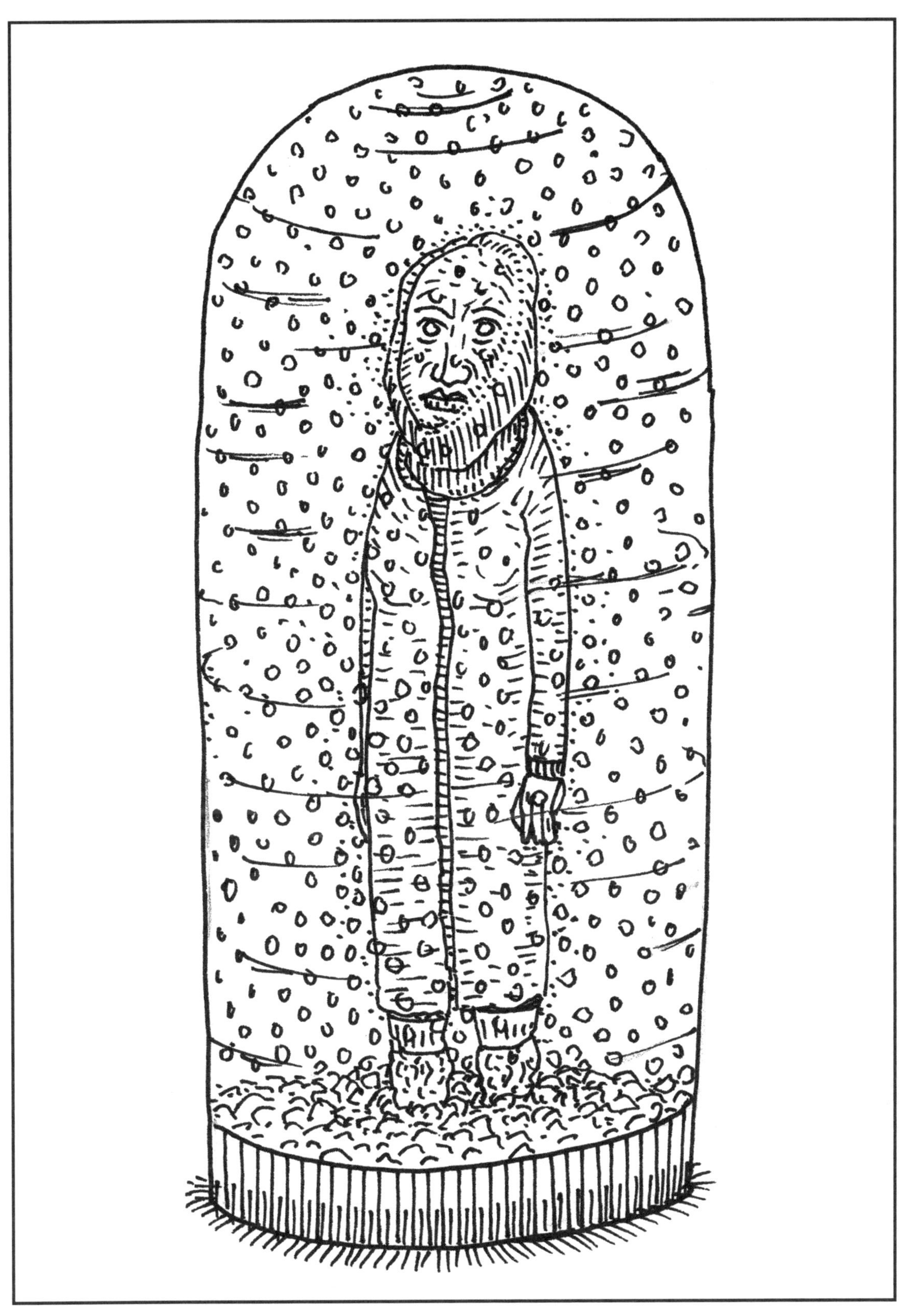

Und das Hier und das Jetzt, das behalte ich

Grauschleier

Das muss so ähnlich wie bei Charley's Girls/ Mittagspause gewesen sein, da gab es aus irgendeinem Grund wohl den Titel, Fernseh- und Plakatwerbung, es war auch von Henkel, aber nicht Persil. Und »Grau« war ein ganz zentraler Bestandteil der Wahrnehmung von Welt 1980, auch wenn es im Sommer eher schön war in dem Jahr, zur Aufnahmezeit. Geschrieben am Schreibtisch bei Xerox, jedenfalls nicht auf Bierdeckel ... Die Erfindung des politischen Liebesliedes? Oder der lyrische Protestsong?

Peter Hein

Für die holperige Periode zwischen dem Ende der Kindheit und dem Versuch, eine Vene zu finden, war die Musik der Fehlfarben für uns eine wunderbare Begleitung. Der Beschwerdetonfall war uns dabei notgedrungen wichtiger als der genaue Wortlaut: Nicht nur »Militürk« war uns ein Rätsel. Der Hamster ist so gestorben, wenn auch etwas vor dem Erscheinen der Platte. Obwohl der Hamstermörder auch mit der Luftpistole auf Tauben Jagd gemacht hat, ist er kein Serial Killer geworden, sondern Junkie natürlich. Es war nicht alles schlecht.

18 Metzger

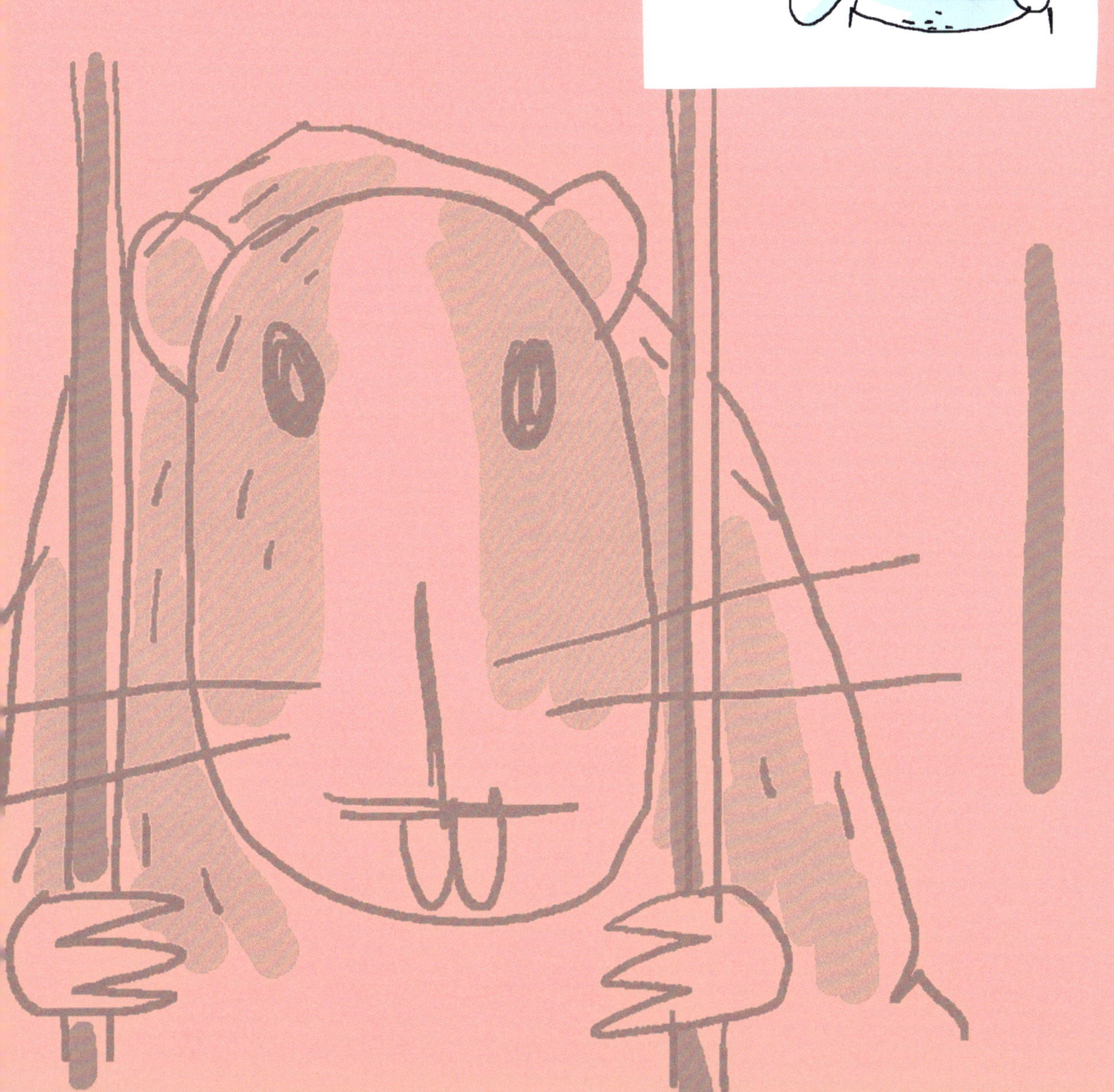

18 Metzger

Grauschleier

Ich hab das alles schon 1000mal gesehen
Ich kenne das Leben,
bin im Kino gewesen

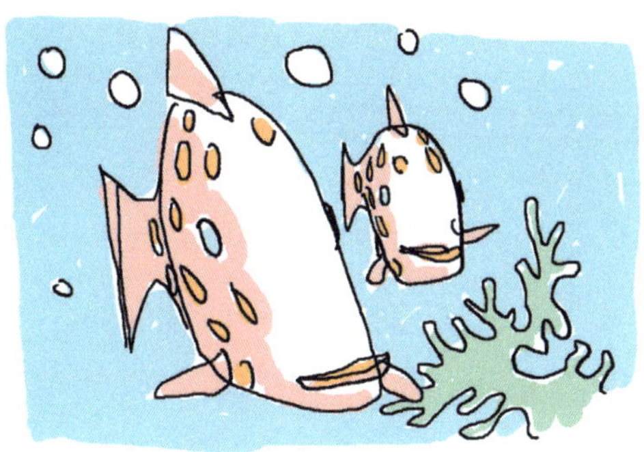

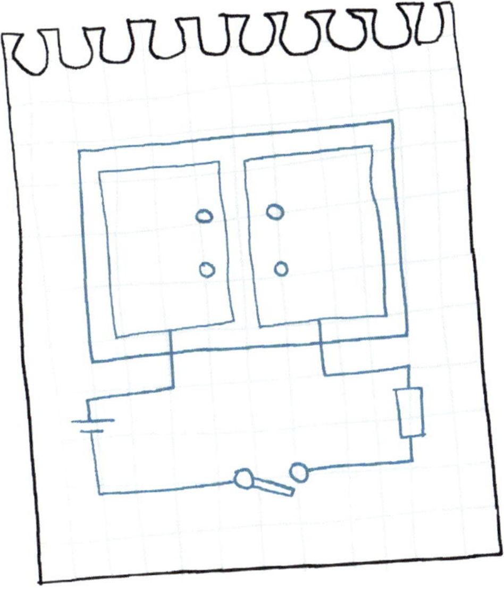

Und doch jedesmal, wenn ich sie seh'
Weiß ich nicht wie es geh'n soll
Ich find nicht den Dreh

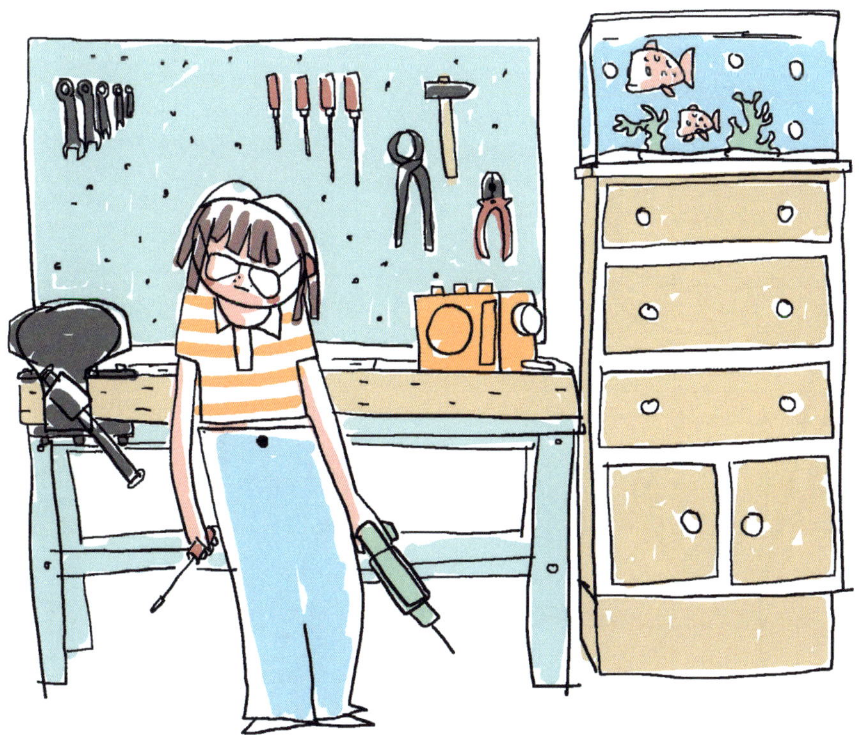

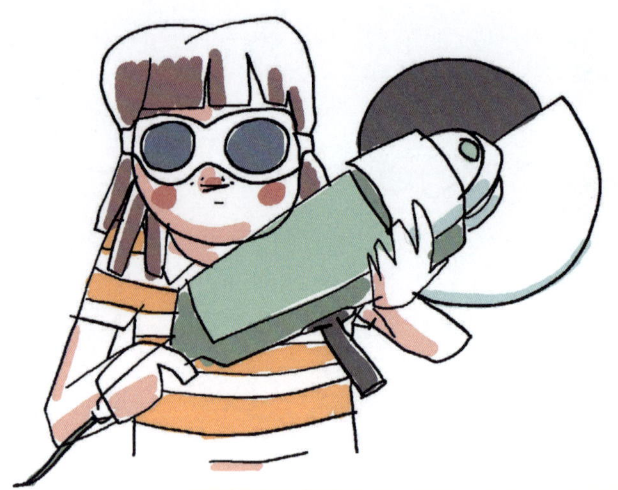

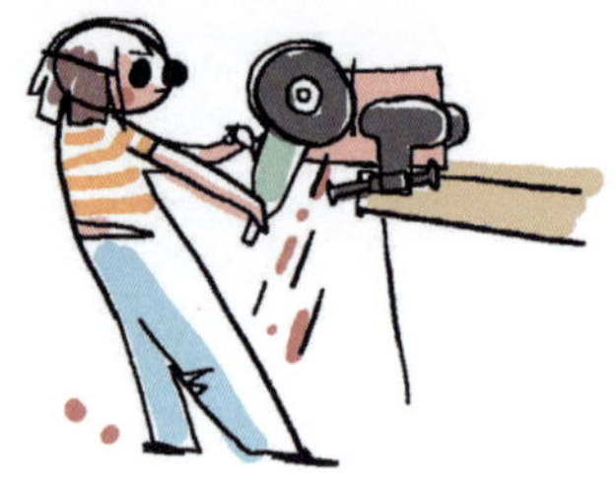

Es liegt ein Grauschleier über der Stadt

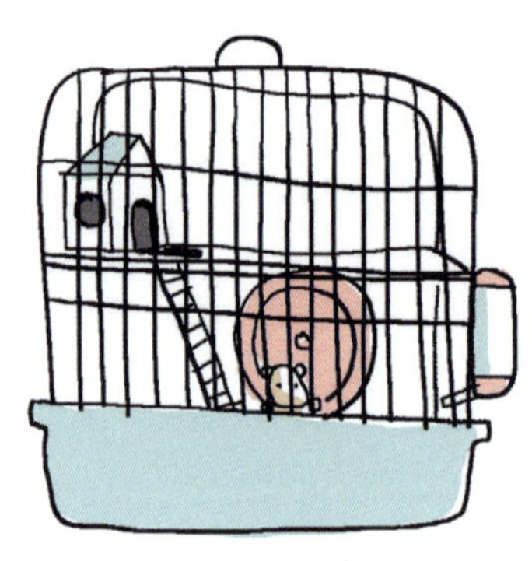

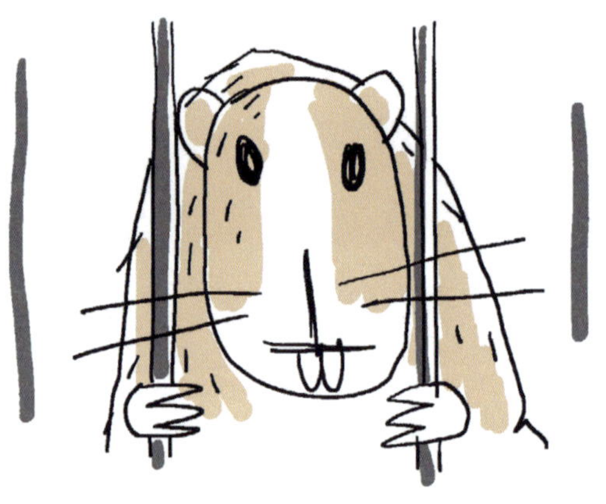

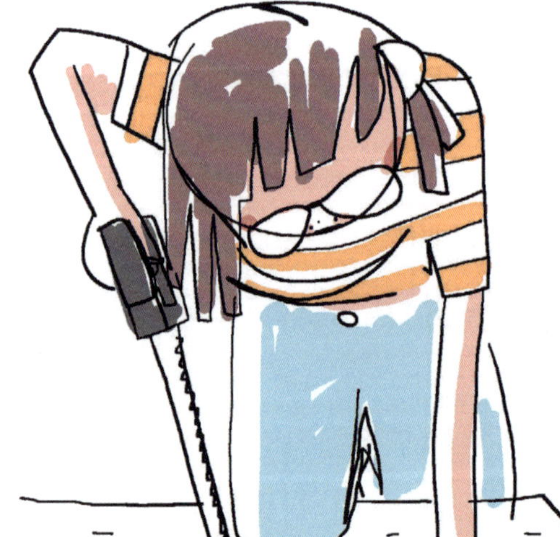

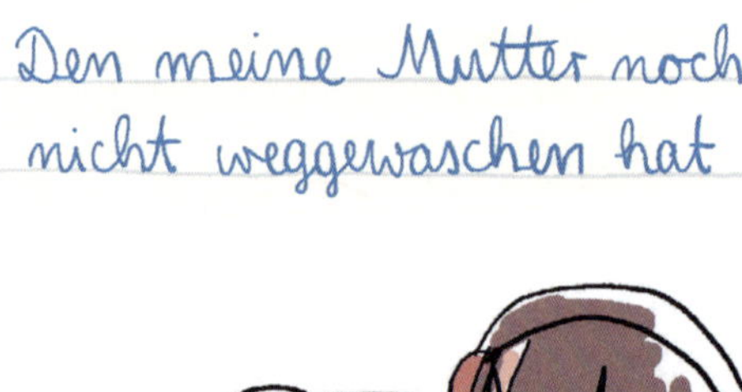

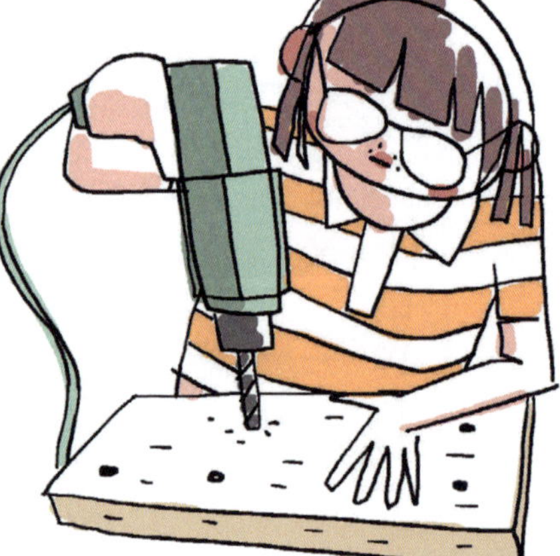

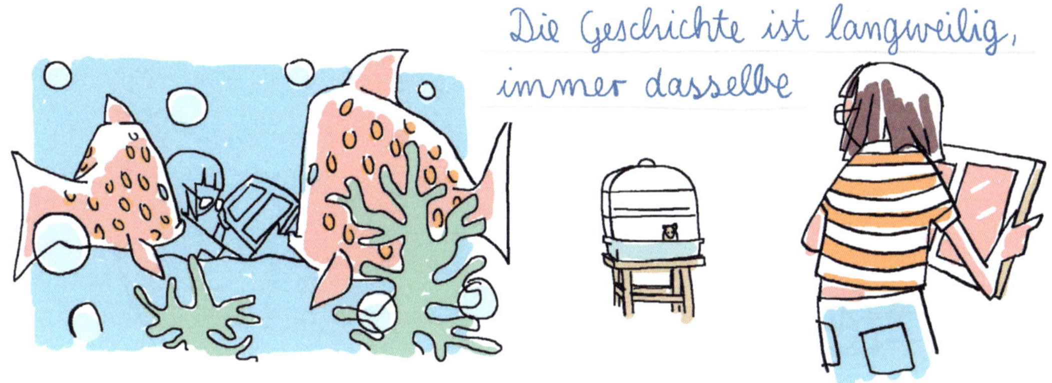

Die Bücher zum Thema sind auch nicht das Gelbe

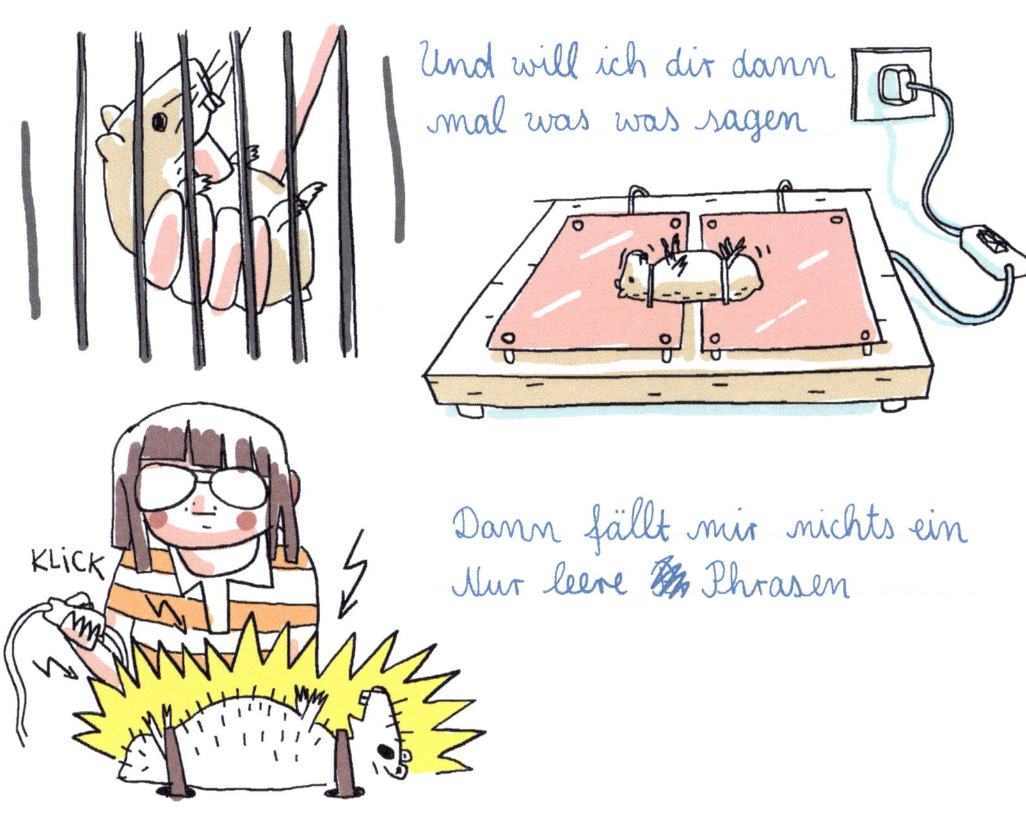

Es liegt ein Grauschleier
über der Stadt
Den meine Mutter noch
nicht weggewaschen hat

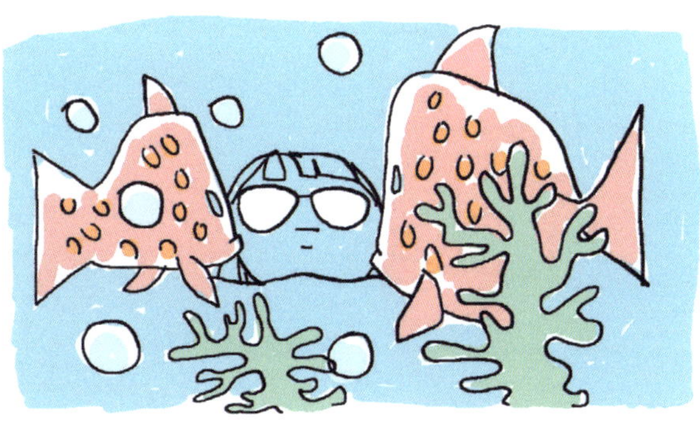

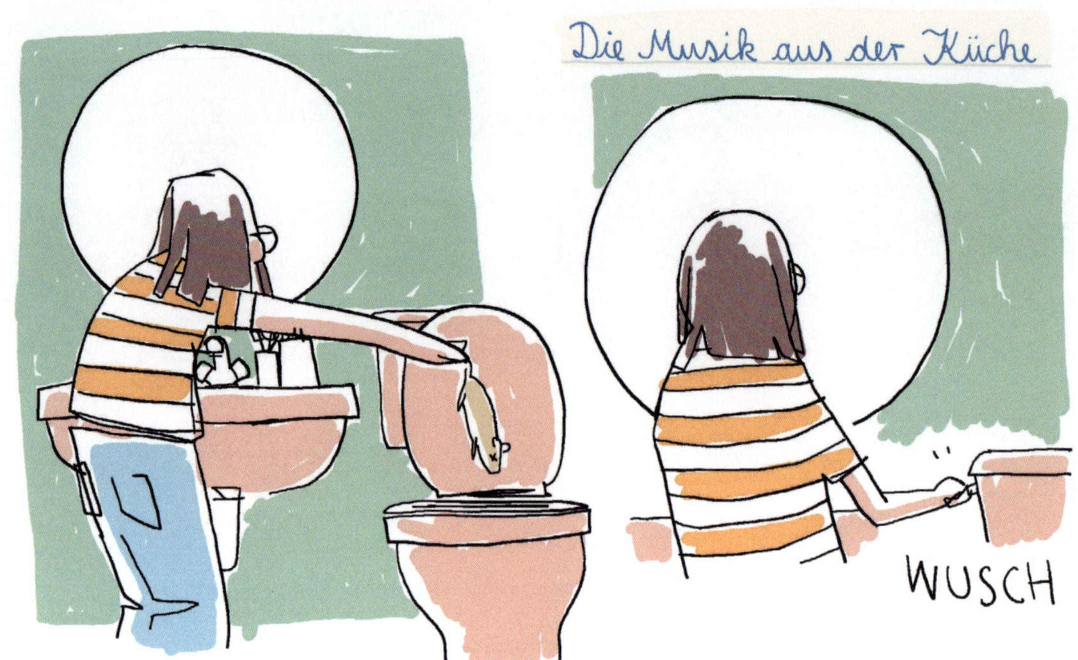

ist auch schon ziemlich zerkratzt
Ich hab geweint, bei jedem zweiten Satz

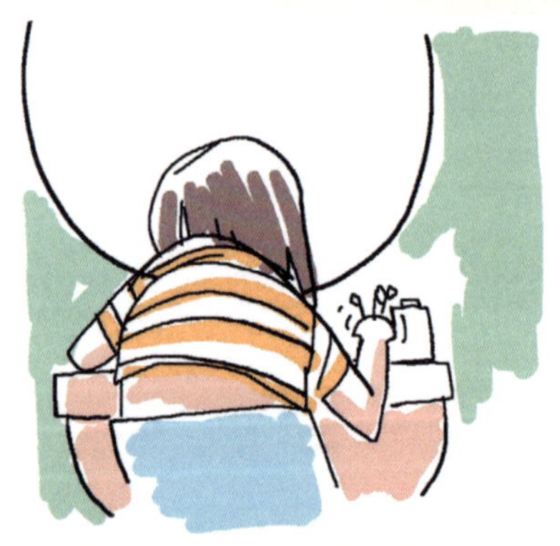

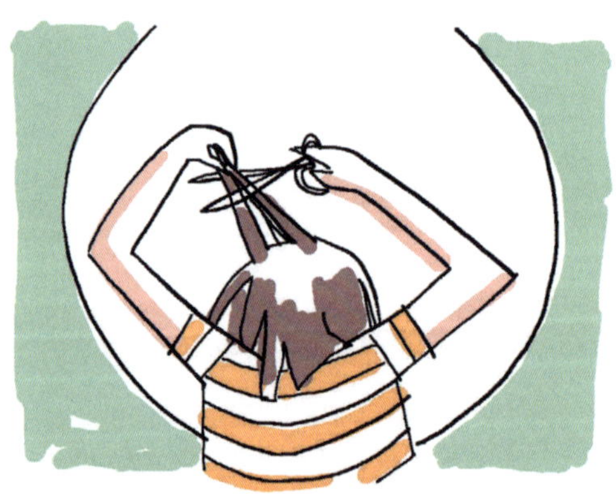

Und wenn ich dann schon
mal was Ein-Eindeutiges tu'

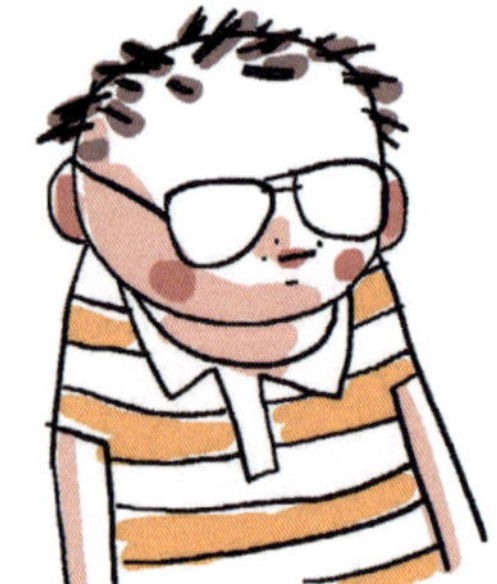

Dann fürcht' ich sogleich,
sie denkt: laß mich in Ruh!

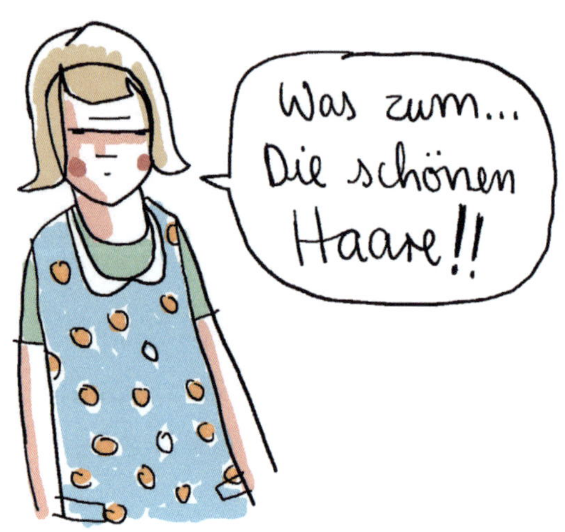

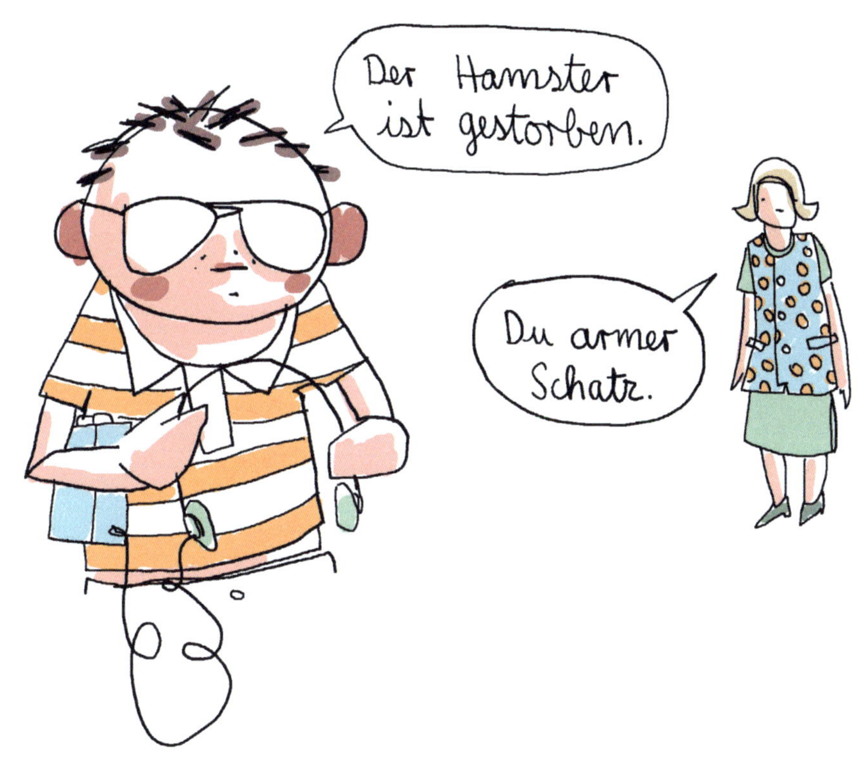

Es liegt ein Grauschleier über der Stadt
Den meine Mutter noch nicht weggewaschen hat

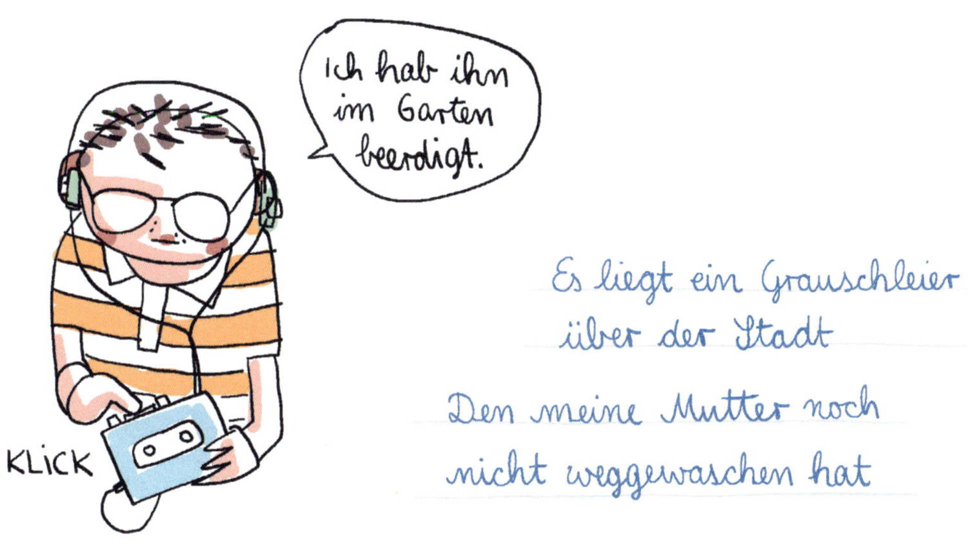

Das sind Geschichten

In Büchern gelesen – wir waren schon teilweise ganz schöne Nerds. Zumindest ich war es. Aber natürlich erzählt man am ersten Tag Geschichten. Beim Wiederhören der Platte war zu spüren, wie viel wir immer über Kommunikation geschrieben haben, auch über Medien. Zeitungen, Fernseher, Bücher, Filme, ständig tauchen Referenzen auf. Der Song definiert uns als Geschichtenerzähler, was wir immer sein wollten. Und beschreibt dabei ziemlich genau die Vergeblichkeit des Erzählers, wenn das Gegenüber die Türen verschließt und – Achtung, heute nicht mehr zu verstehen – den Hörer daneben legt.

Thomas Schwebel

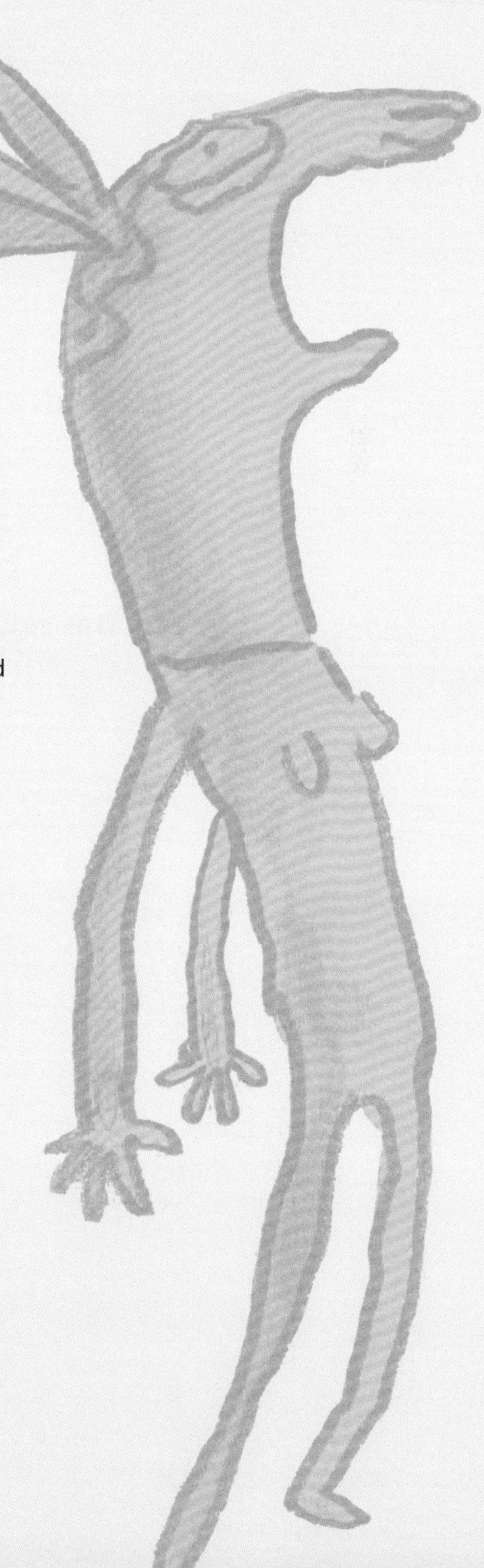

Fehlfarben habe ich mit 17 viel im Jugendzimmer meines Elternhauses gehört, und zwar sehr laut auf dem Kassettenrekorder. Das war in einer hessischen Kleinstadt – im Kontrast dazu fühlten sich die Songs für mich unerhört urban an. In die teilweise kryptischen Texte konnte man allerhand projizieren, und das habe ich dann exzessiv herumliegend und mitsingend gemacht.

»Das sind Geschichten« erzählt für mich von der Sehnsucht nach Bedeutung im zwischenmenschlichen Kommunizieren und dem Versuch, eine echte Verbindung zu einem Gegenüber herzustellen, selbst merkwürdig neben sich stehend und sich irgendwie unecht fühlend. Damit konnte ich mich als Teenager hervorragend identifizieren, eigentlich kann ich es ab und zu noch immer.

Anke Kuhl

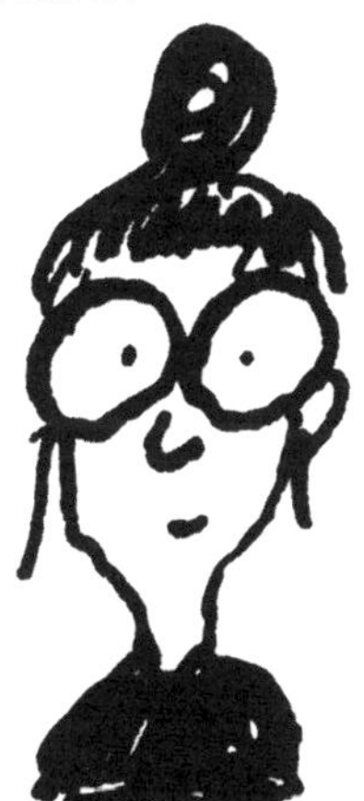

Anke Kuhl

Das sind Geschichten

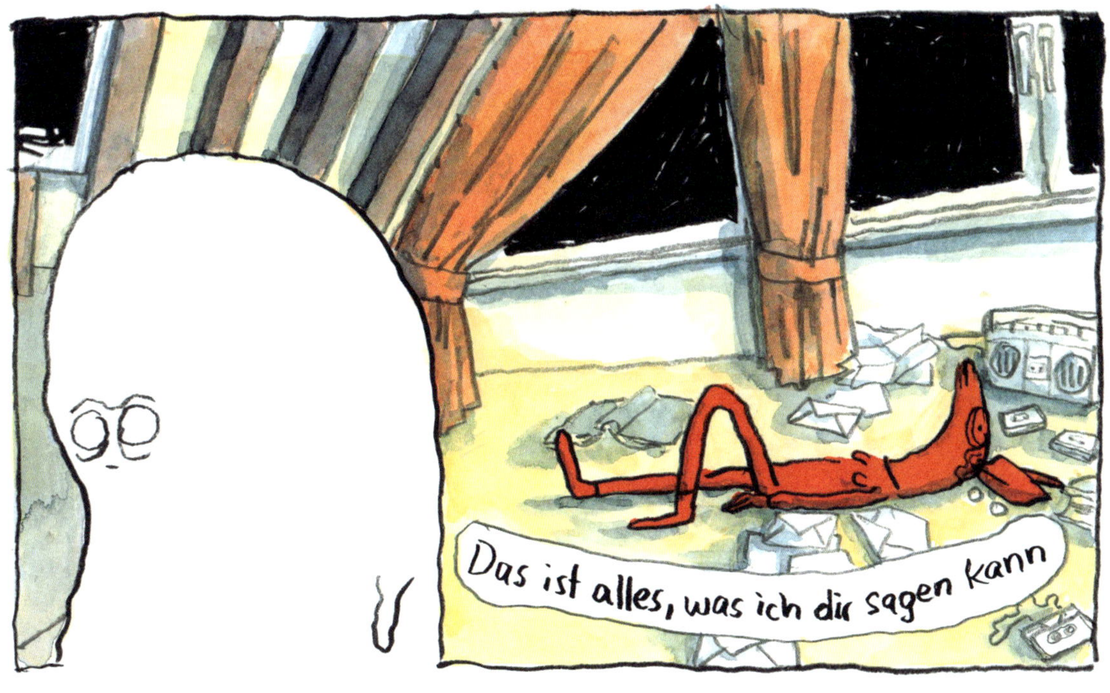
Das ist alles, was ich dir sagen kann

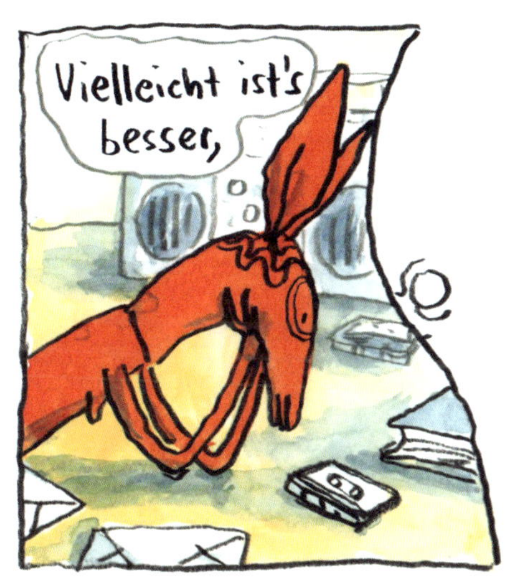
Vielleicht ist's besser,

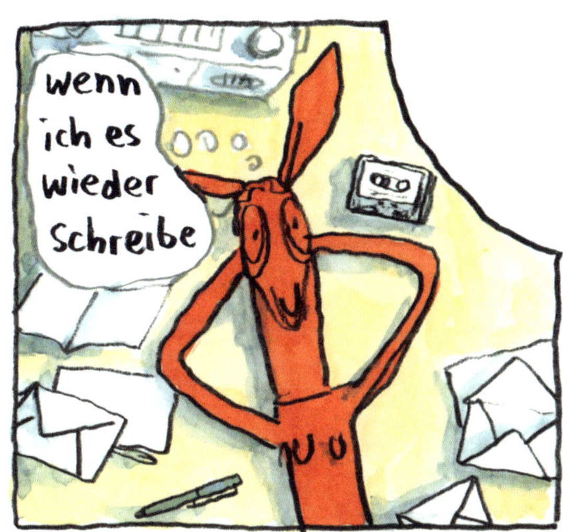
wenn ich es wieder schreibe

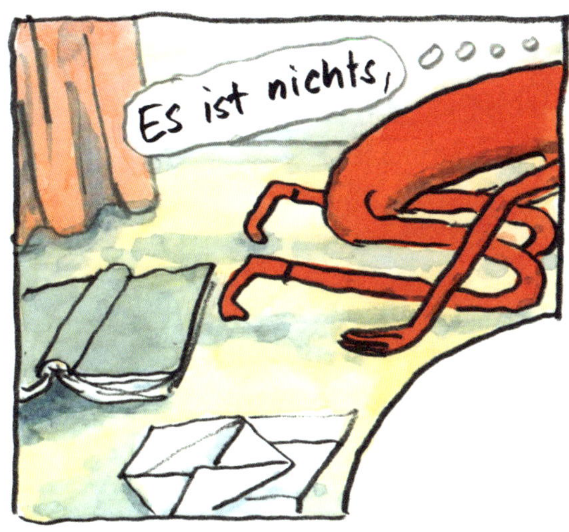
Es ist nichts,

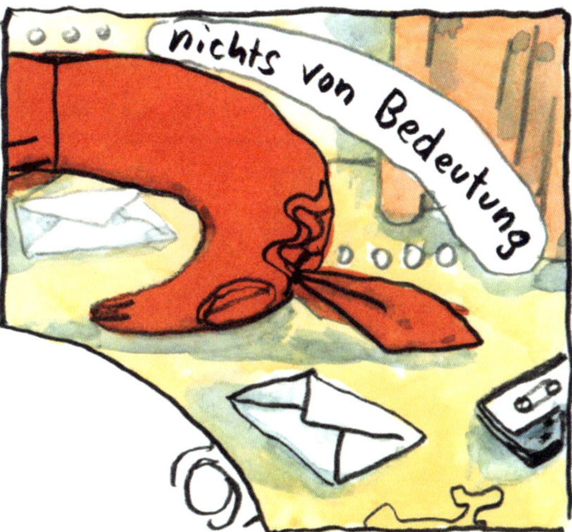
nichts von Bedeutung

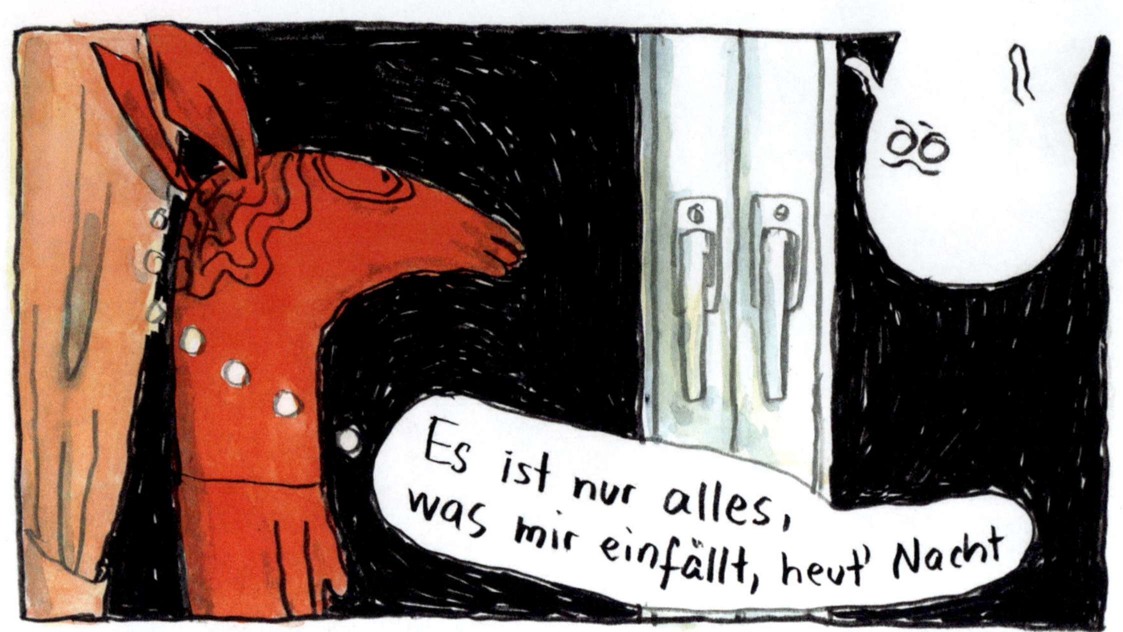

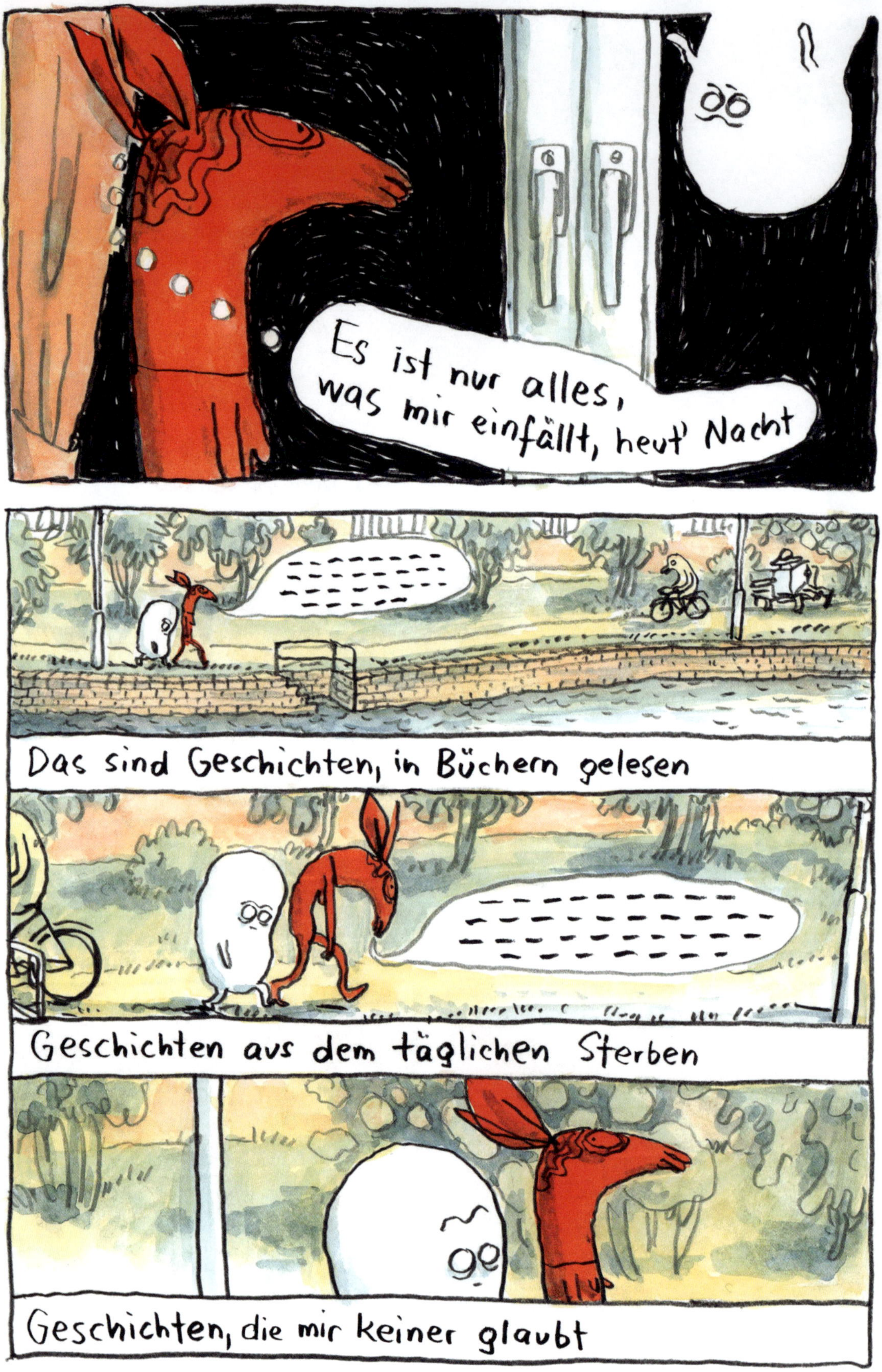

Das sind Geschichten, in Büchern gelesen

Geschichten aus dem täglichen Sterben

Geschichten, die mir keiner glaubt

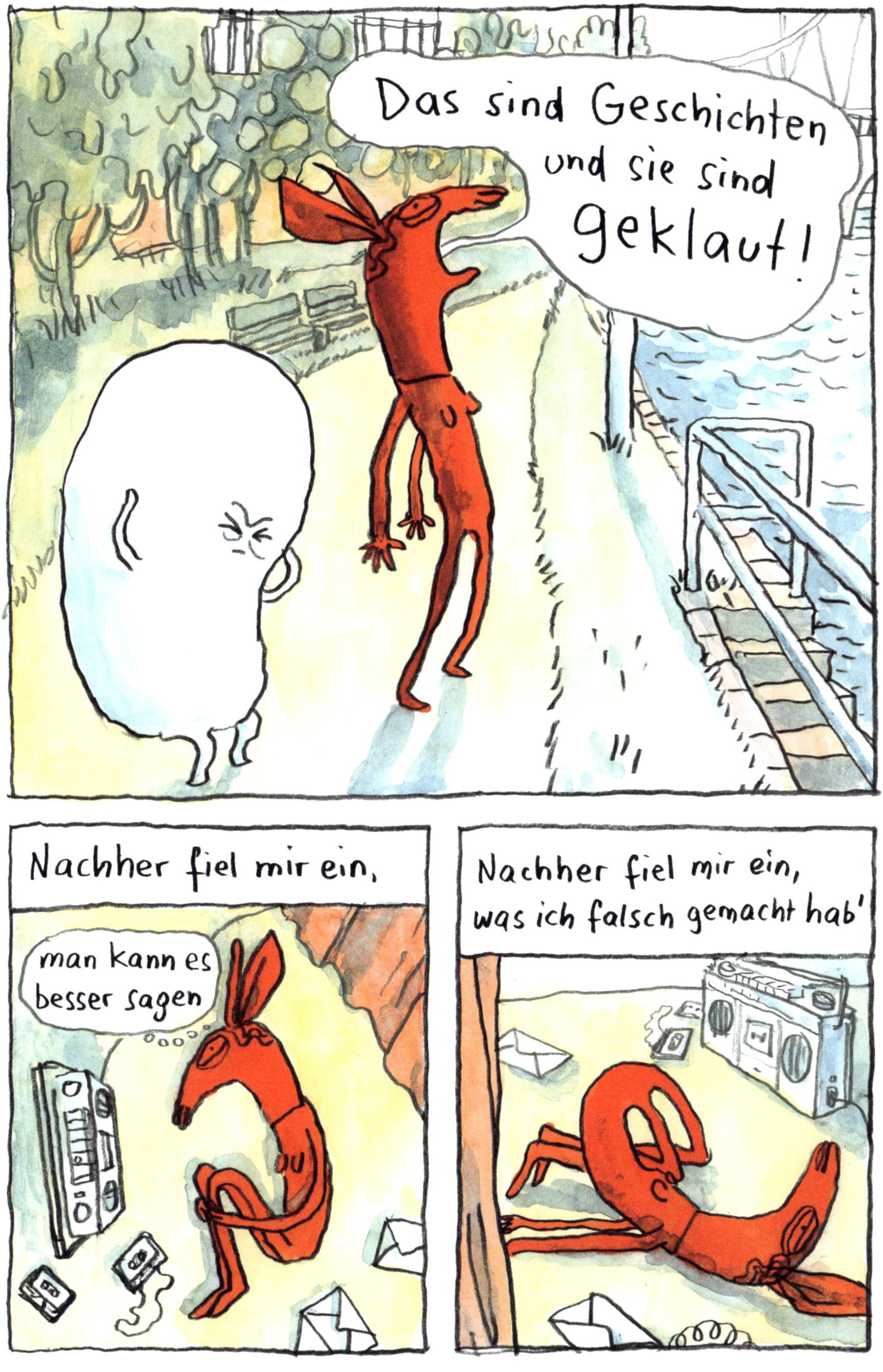

Das sind Geschichten und sie sind geklaut!

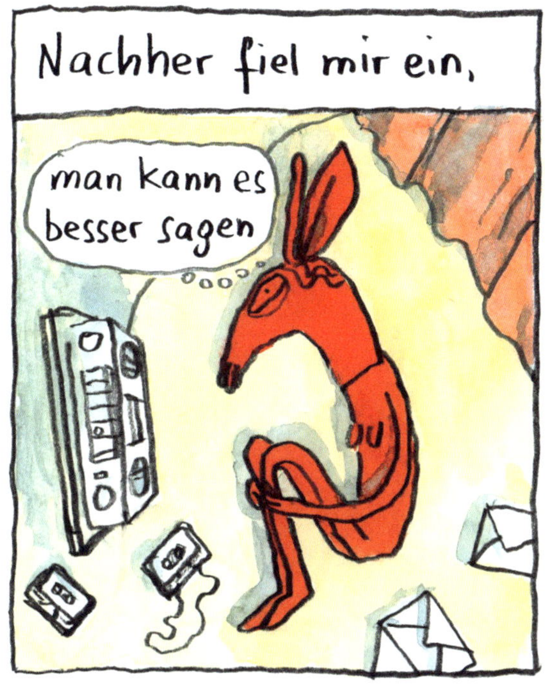

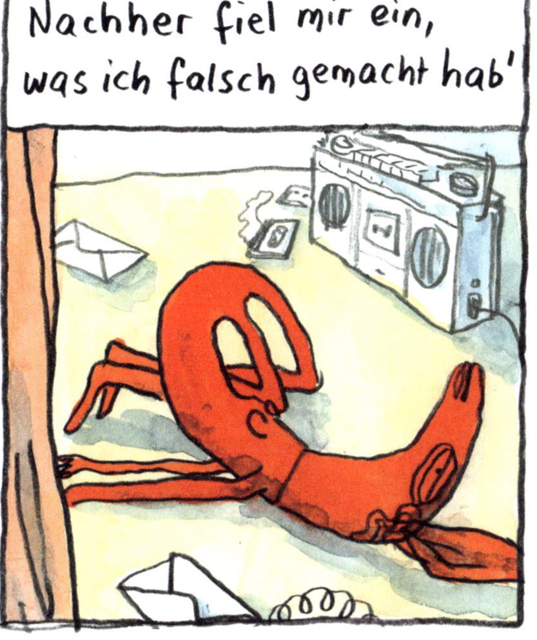

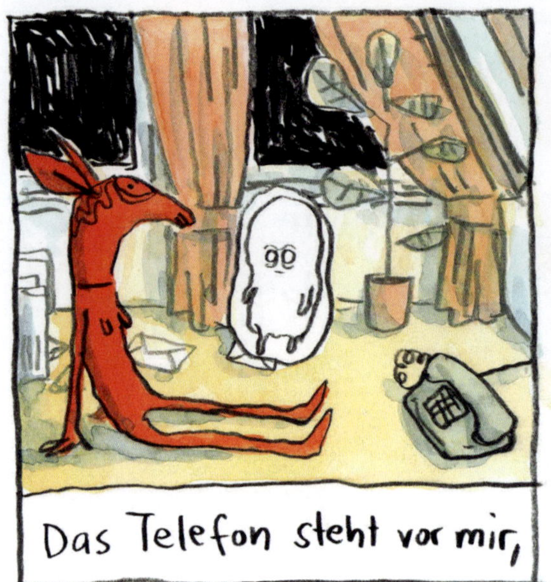

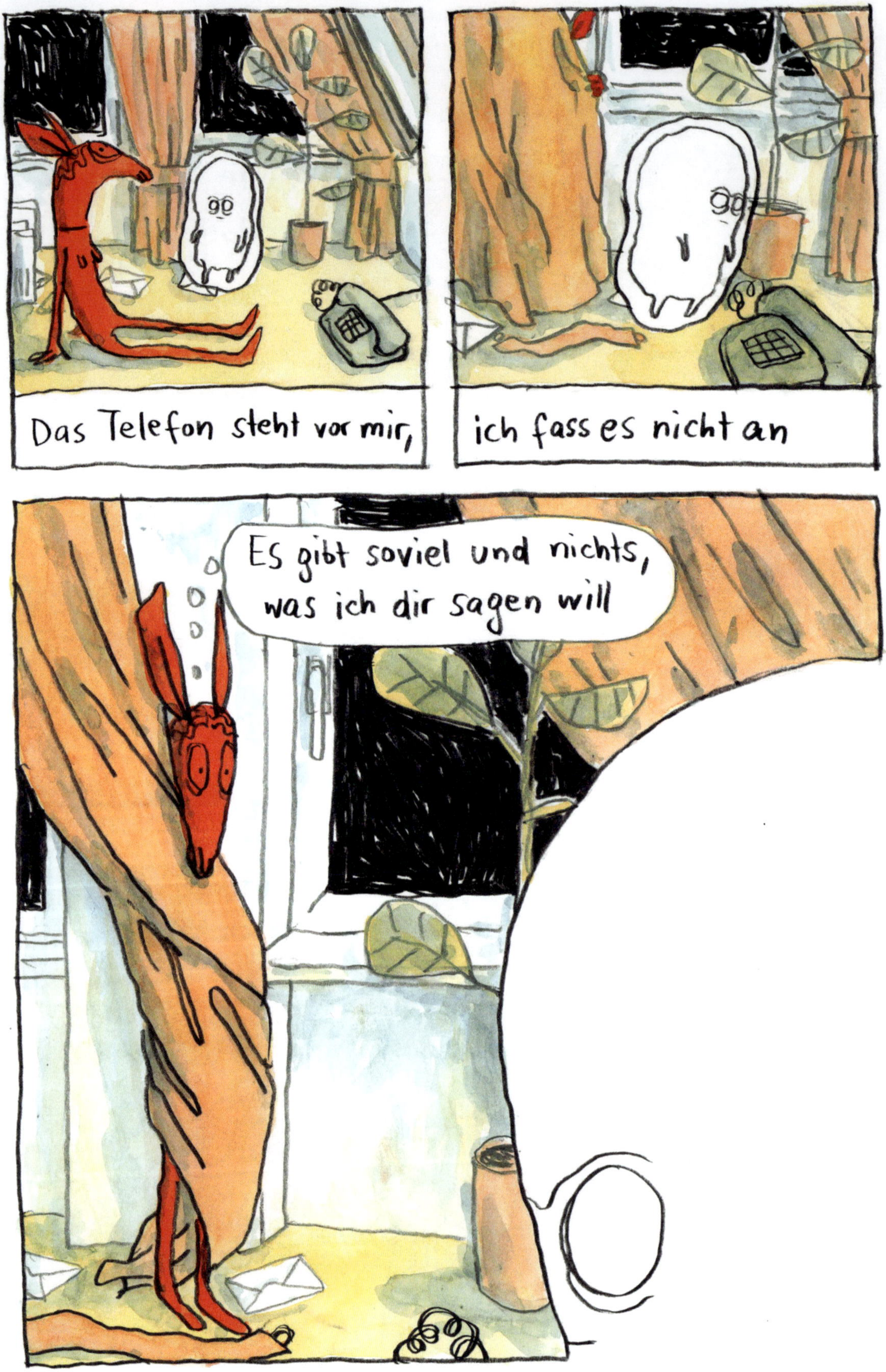

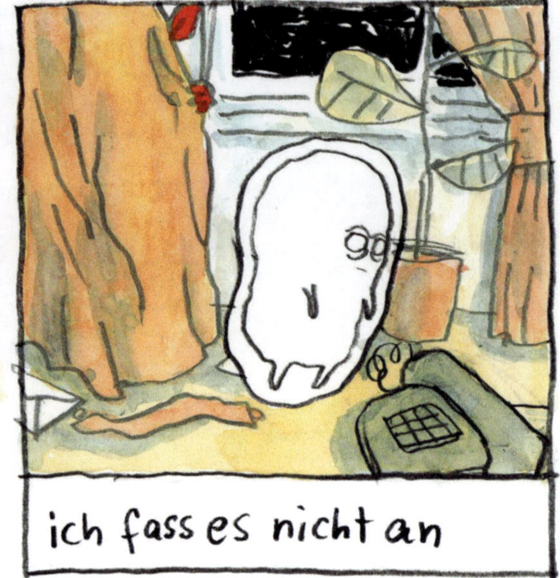

Es gibt soviel und nichts,
was ich dir sagen will

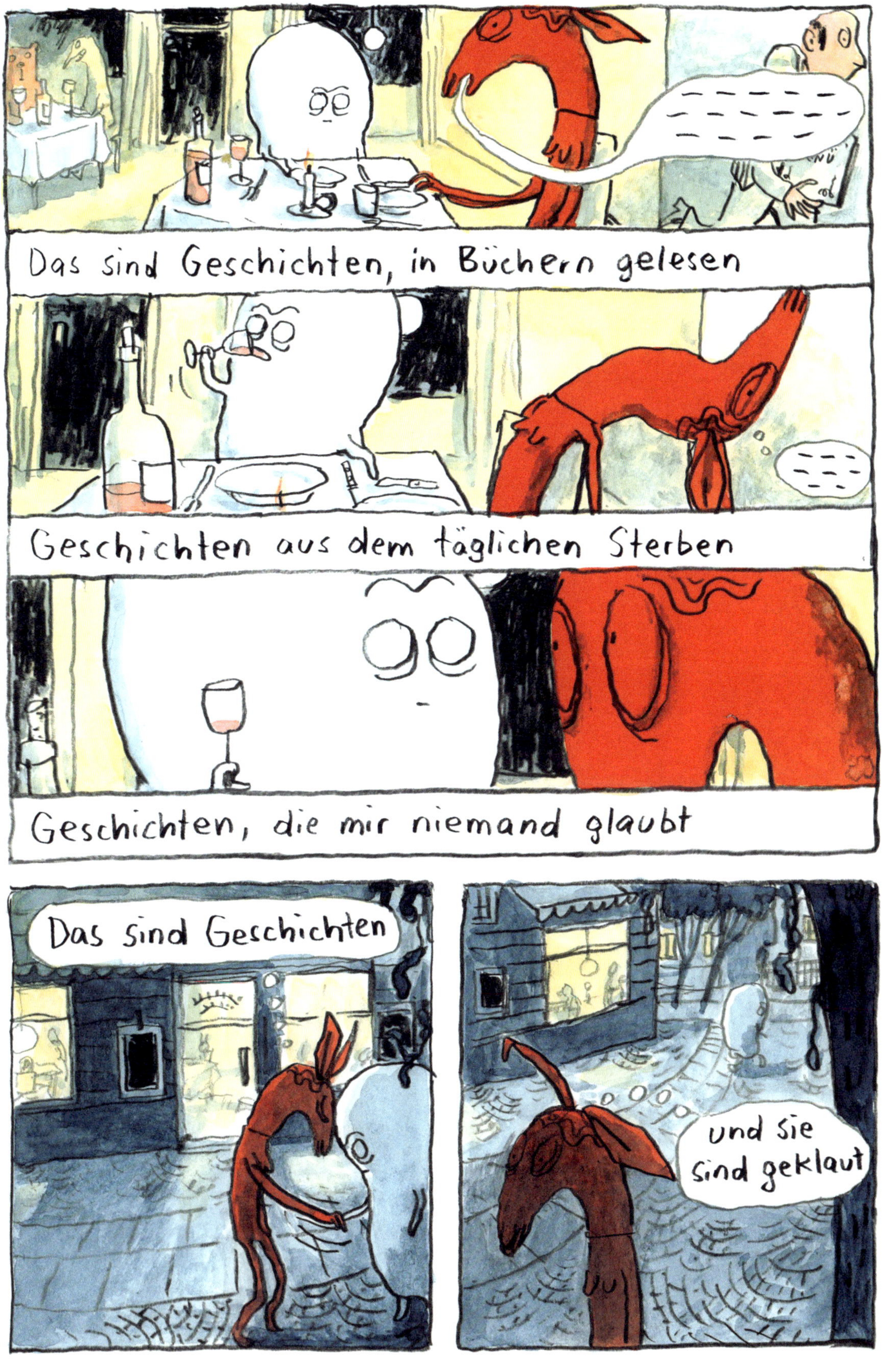

Das sind Geschichten, in Büchern gelesen

Geschichten aus dem täglichen Sterben

Geschichten, die mir niemand glaubt

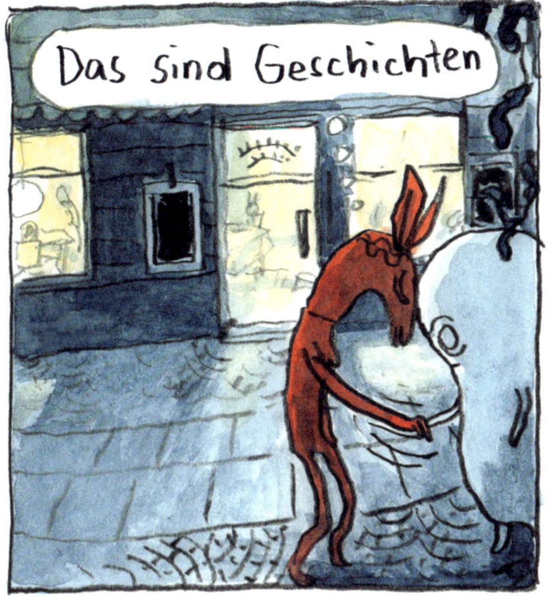

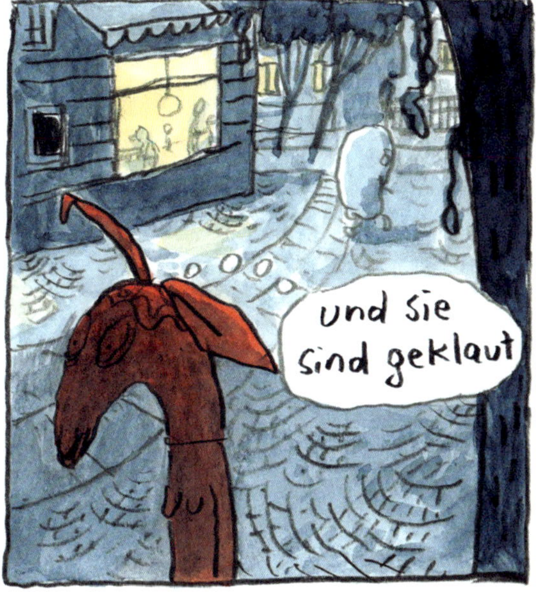

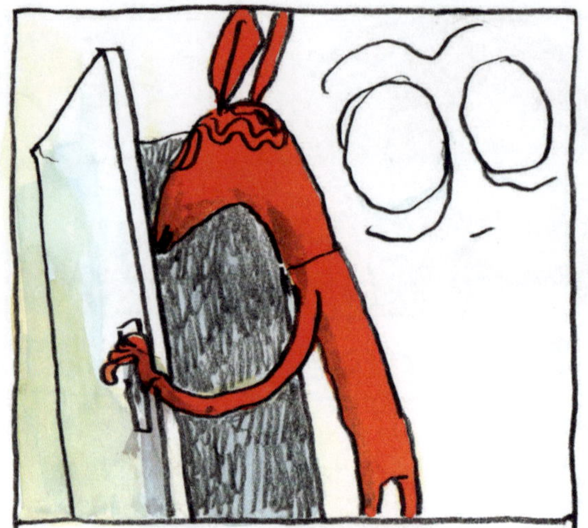
Ich öffne Türen
und komm' nicht hinein

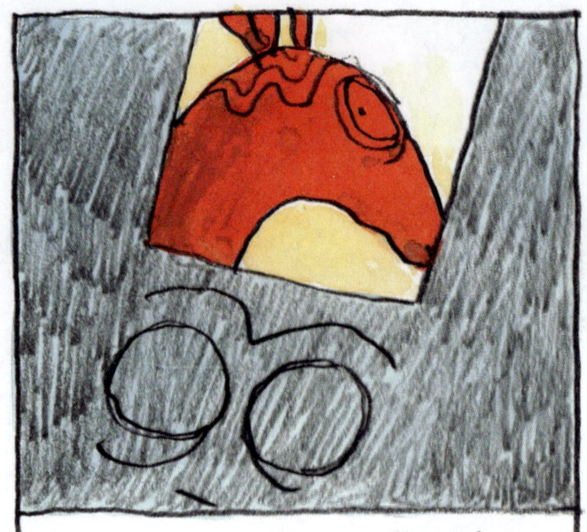
Ich seh' durch ein Fenster
und kann nichts erkennen

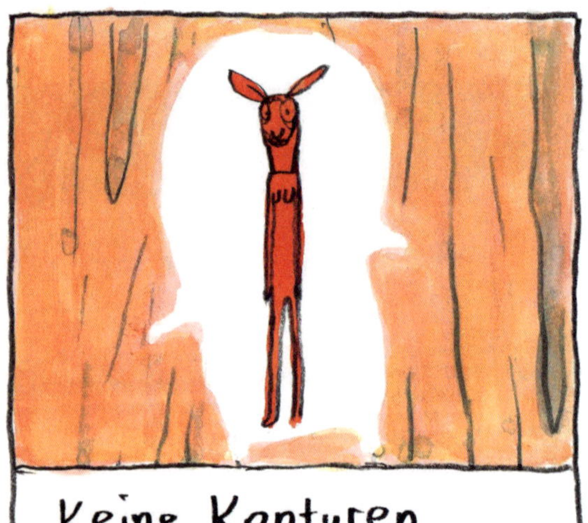
Keine Konturen,

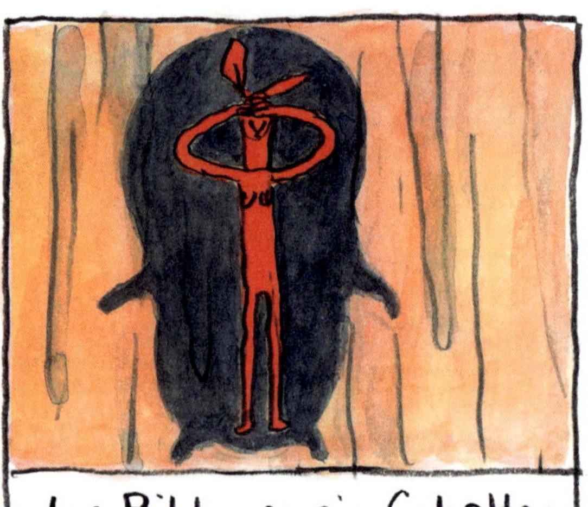
das Bild war ein Schatten

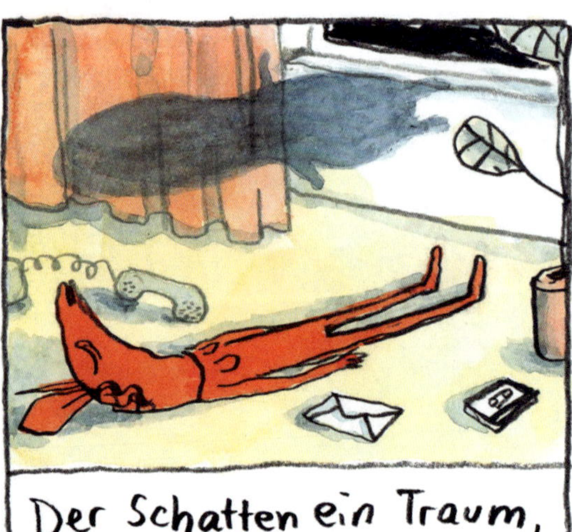
Der Schatten ein Traum,

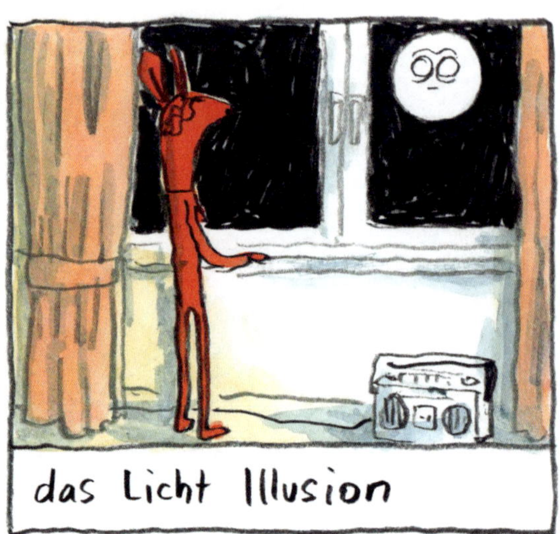
das Licht Illusion

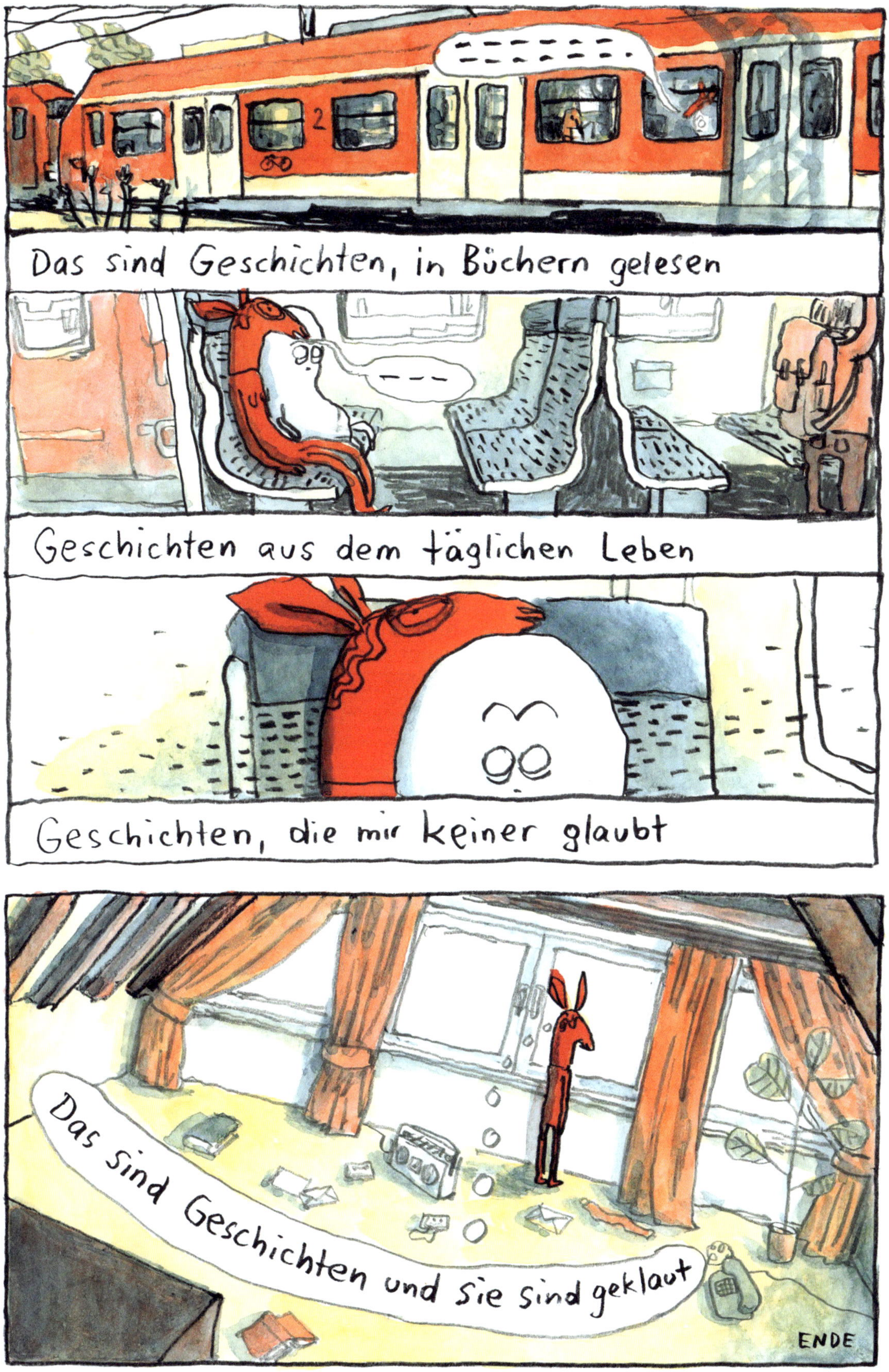

Das sind Geschichten, in Büchern gelesen

Geschichten aus dem täglichen Leben

Geschichten, die mir keiner glaubt

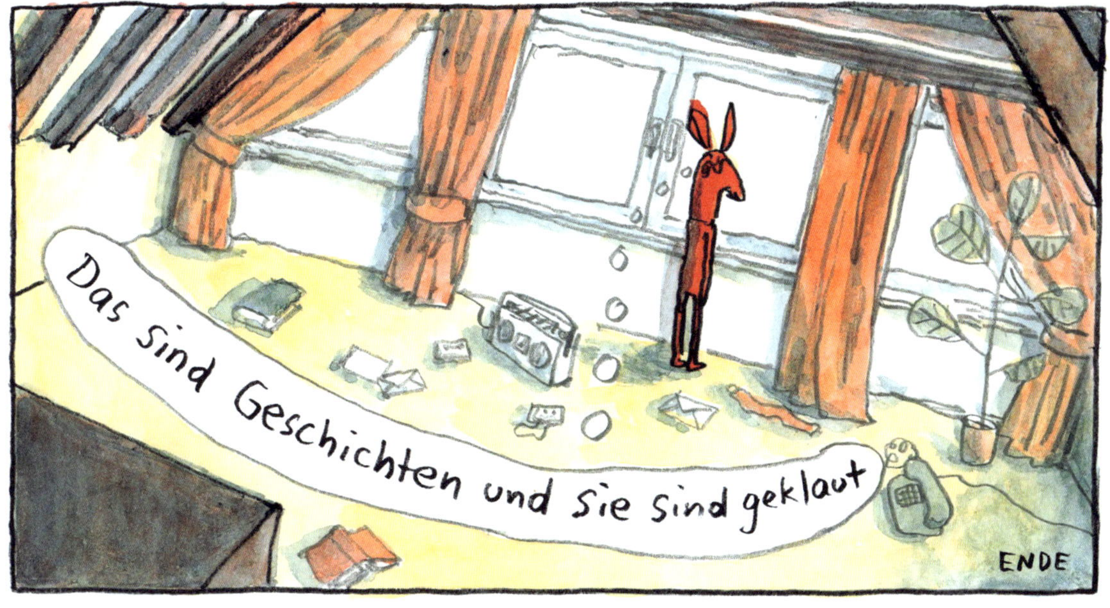

All That Heaven Allows

Einstiegsstrophe definitiv von Thomas, was auch immer er da gemeint hat, zweite und dritte eher von mir, eine ähnliche postpubertäre Gesamtsituation, nach Wien und vor Studio, Frühsommer wahrscheinlich, Mann war ja schon damals irnswie an allem intschult, oder einfach zu blöd fürs Leben. Refrain tippe ich mal auf Thomas, vielleicht einige Dreher von mir, was weiß man noch? Den Titel hat es erst im Studio gekriegt, glaub ich, Douglas Sirk, Hollywoodmelodramen, aus unserer Sicht war das eher »Punk« als »Alles Scheiße«.

Peter Hein

Ich fand es immer komisch, dass das persönlichste Liebeslied auf der Platte von zwei Autoren geschrieben wurde, als Zusammenarbeit. Ergibt das Sinn? Ganz offensichtlich. Und was auch noch auffällig ist: In keinem der Liebeslieder unserer ersten Platten gibt es Geschlechtszuweisungen: Kein »Little girl«, kein »Baby« – abgesehen davon, dass sowas auf Deutsch komisch klingt. Es gab mal eine niederschmetternde Analyse unserer Texte aus feministischer Sicht – aber dass diese Songs ja nicht unbedingt an eine Frau gerichtet sein müssen (oder von einem Mann gesungen), wurde nicht erwähnt.

Thomas Schwebel

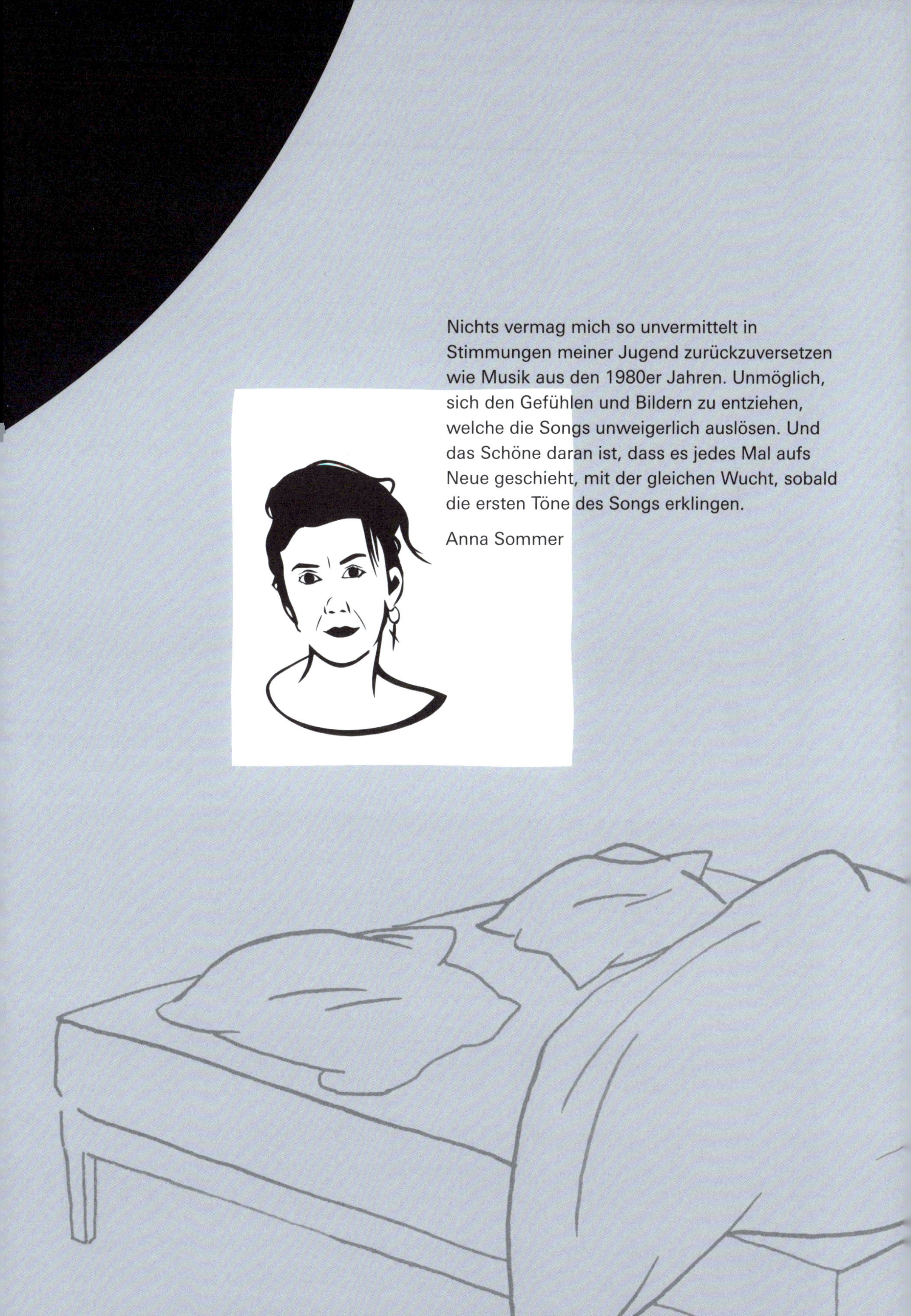

Nichts vermag mich so unvermittelt in Stimmungen meiner Jugend zurückzuversetzen wie Musik aus den 1980er Jahren. Unmöglich, sich den Gefühlen und Bildern zu entziehen, welche die Songs unweigerlich auslösen. Und das Schöne daran ist, dass es jedes Mal aufs Neue geschieht, mit der gleichen Wucht, sobald die ersten Töne des Songs erklingen.

Anna Sommer

Anna Sommer

All That Heaven Allows

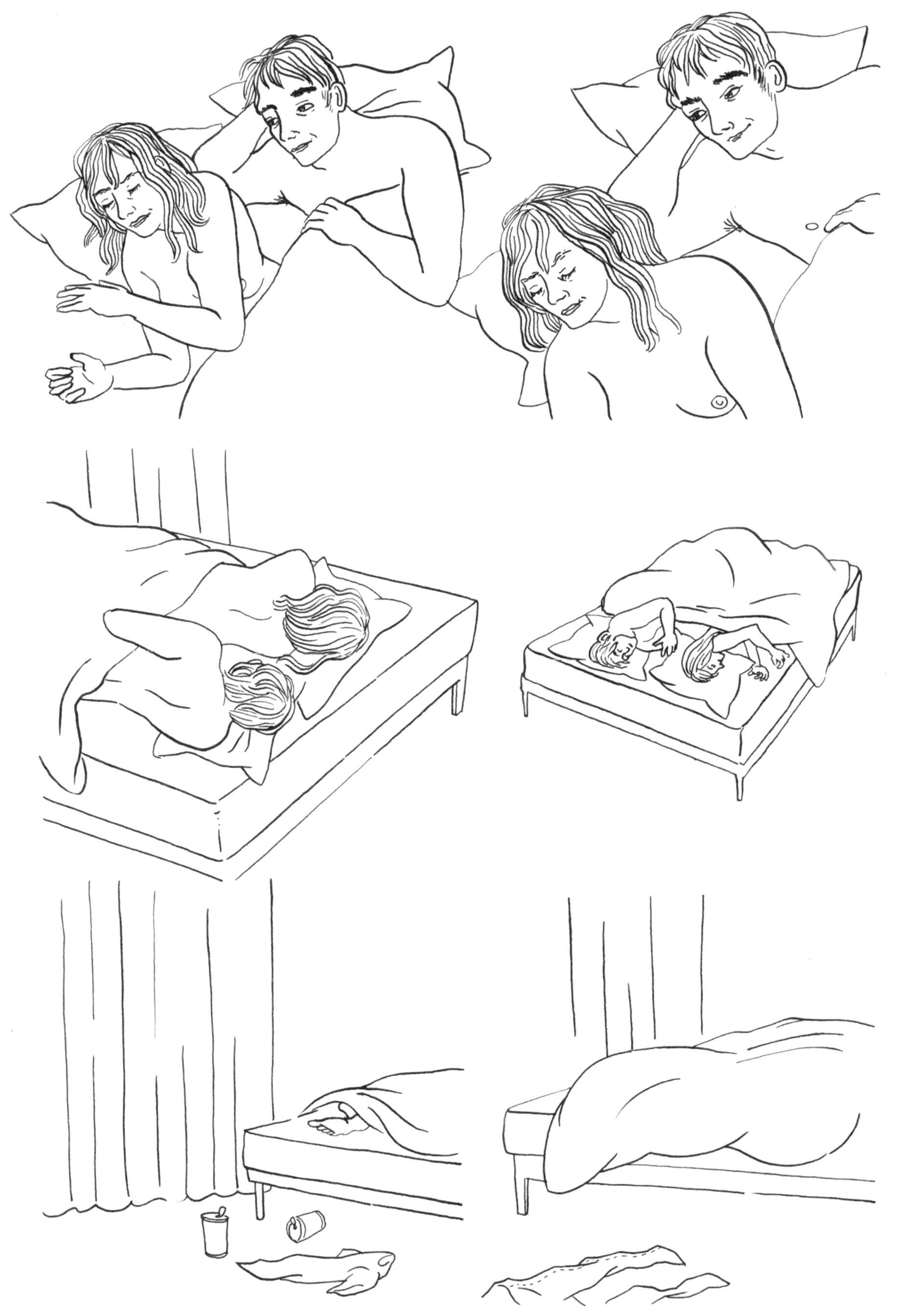

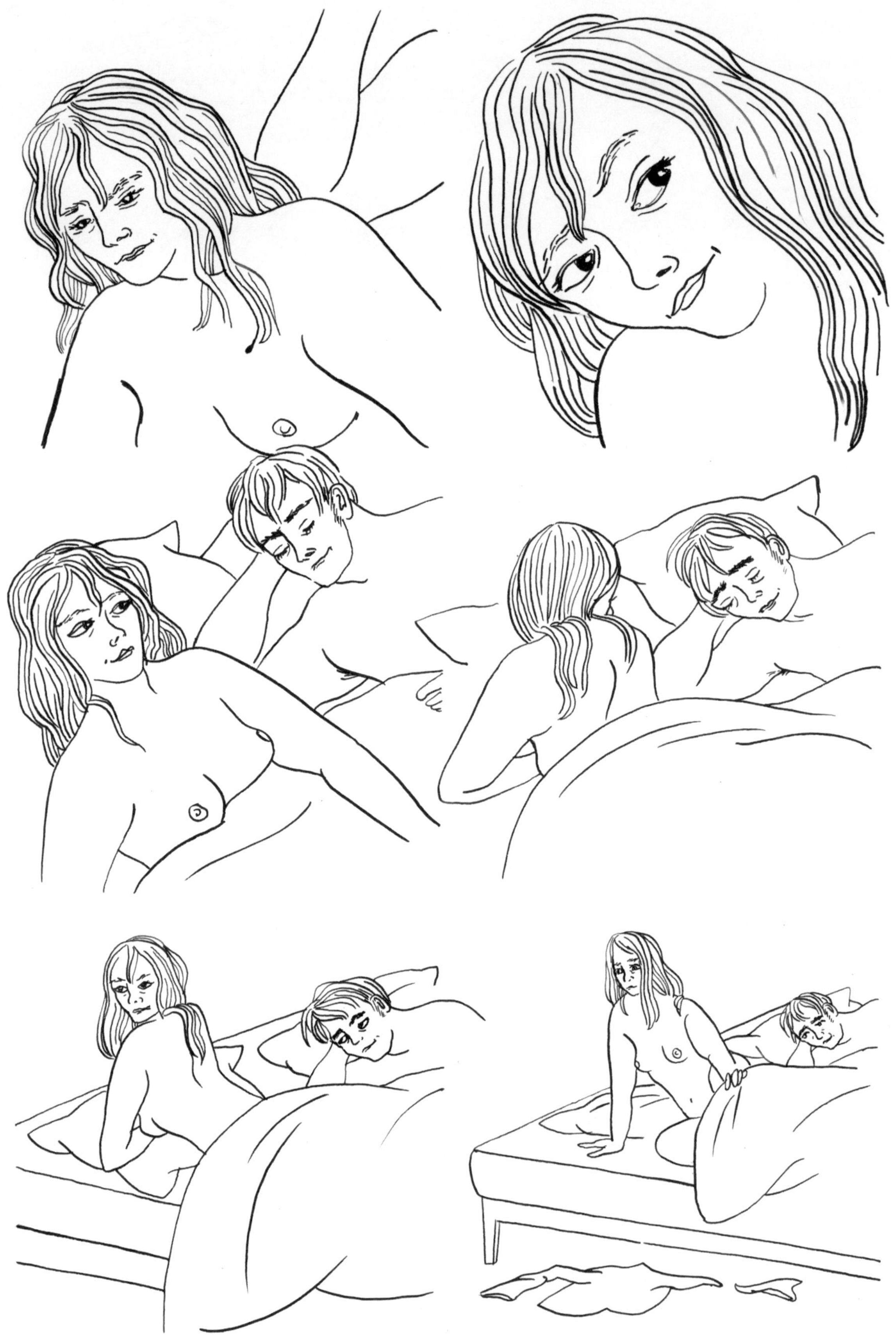

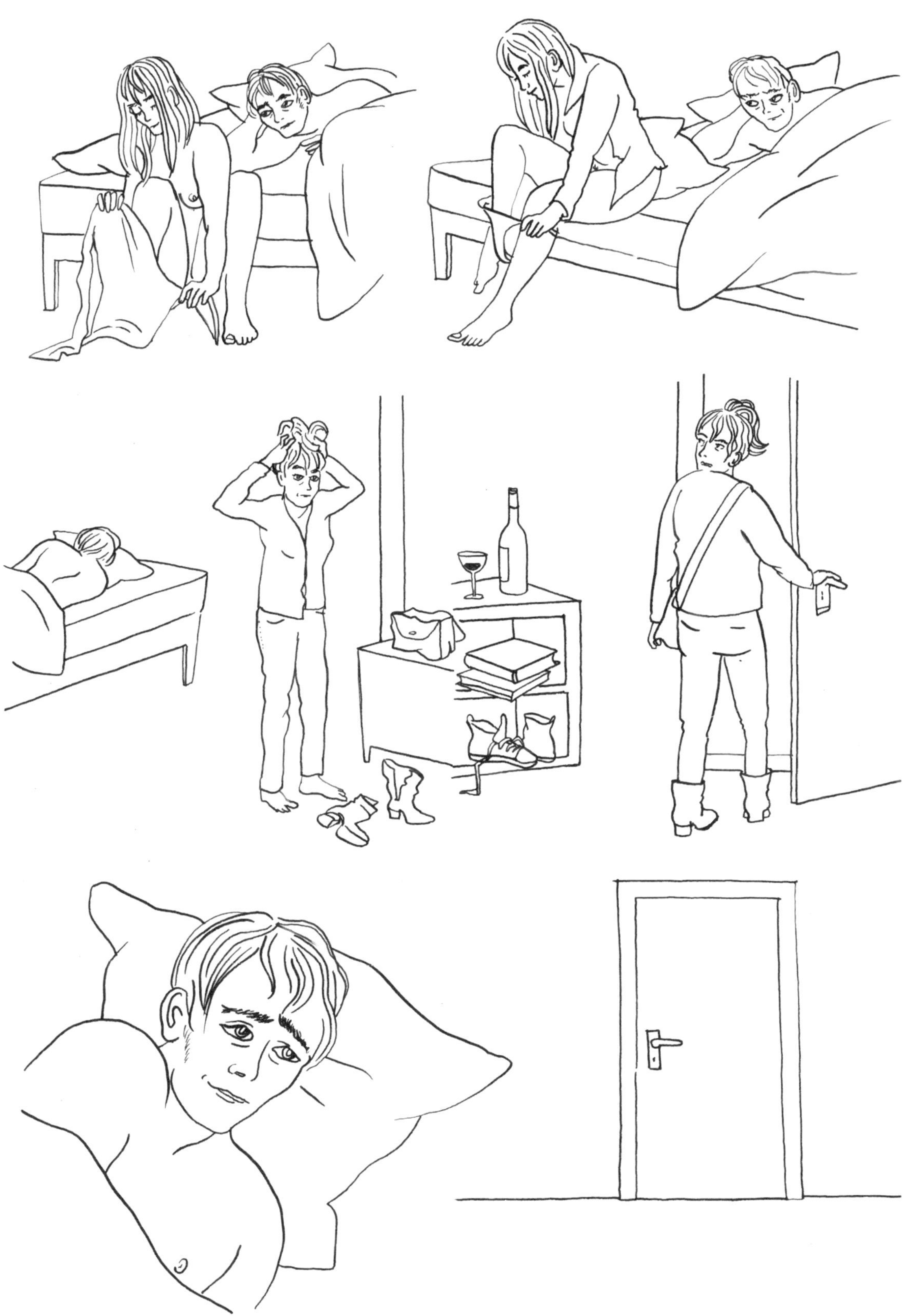

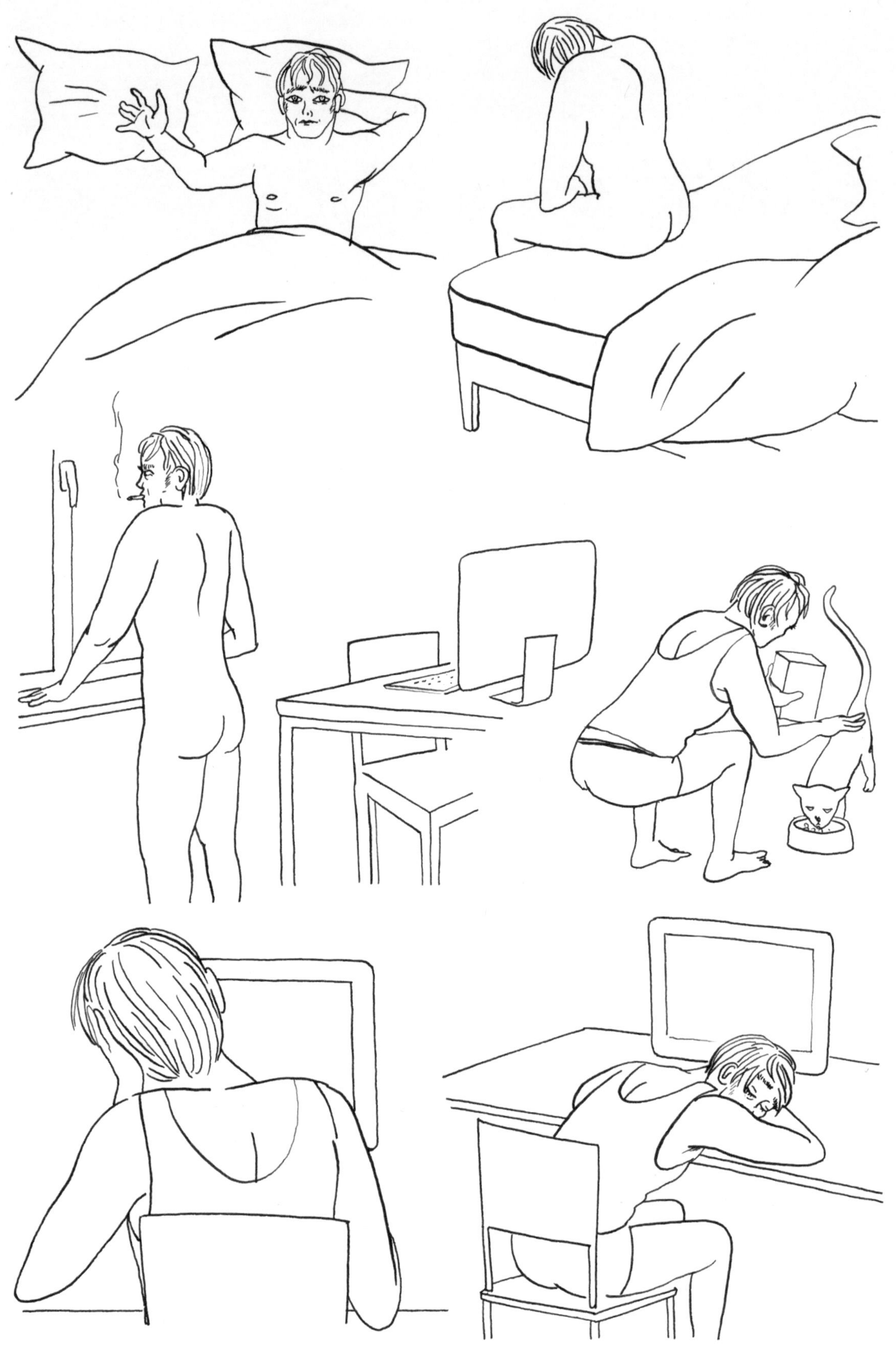

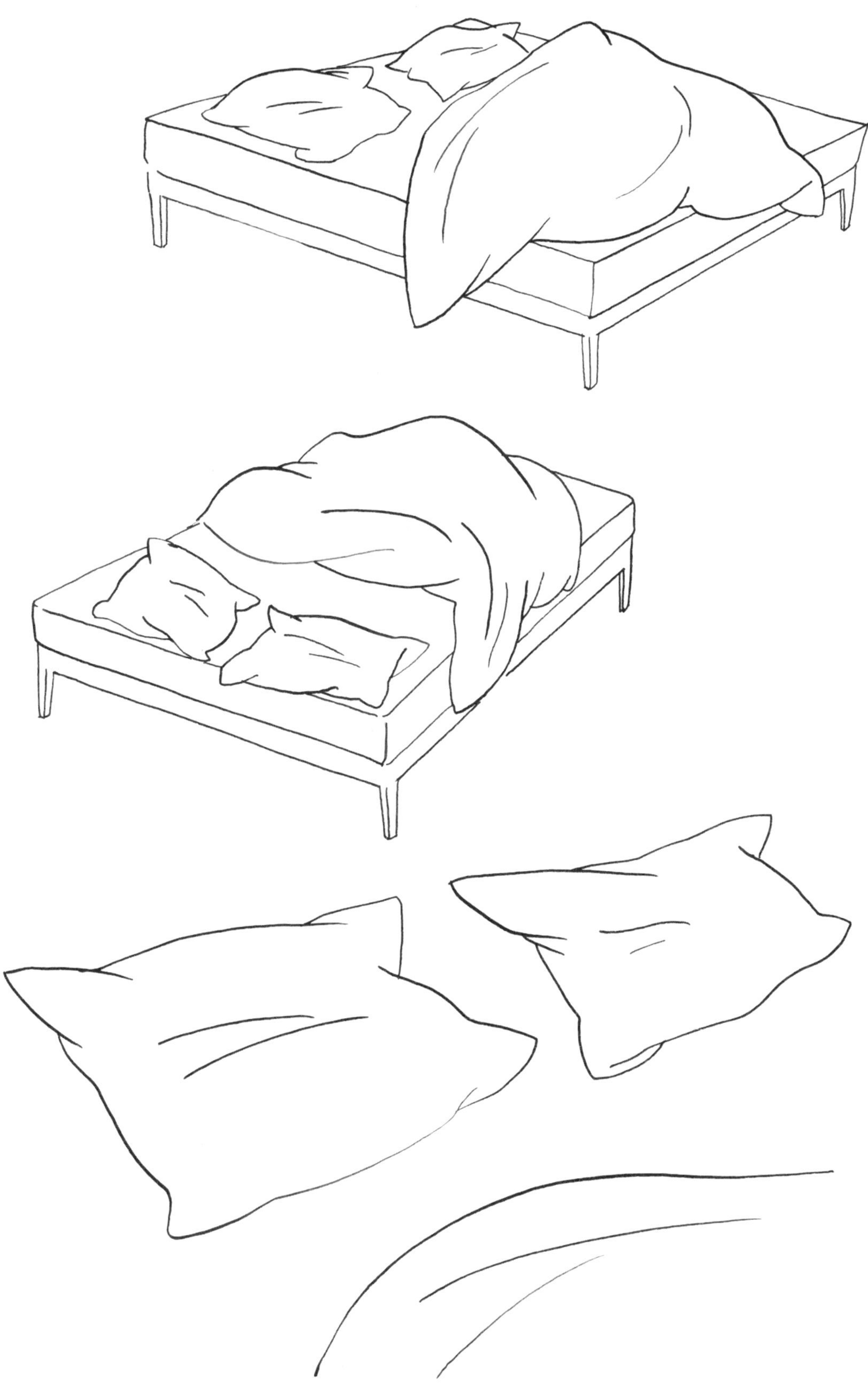

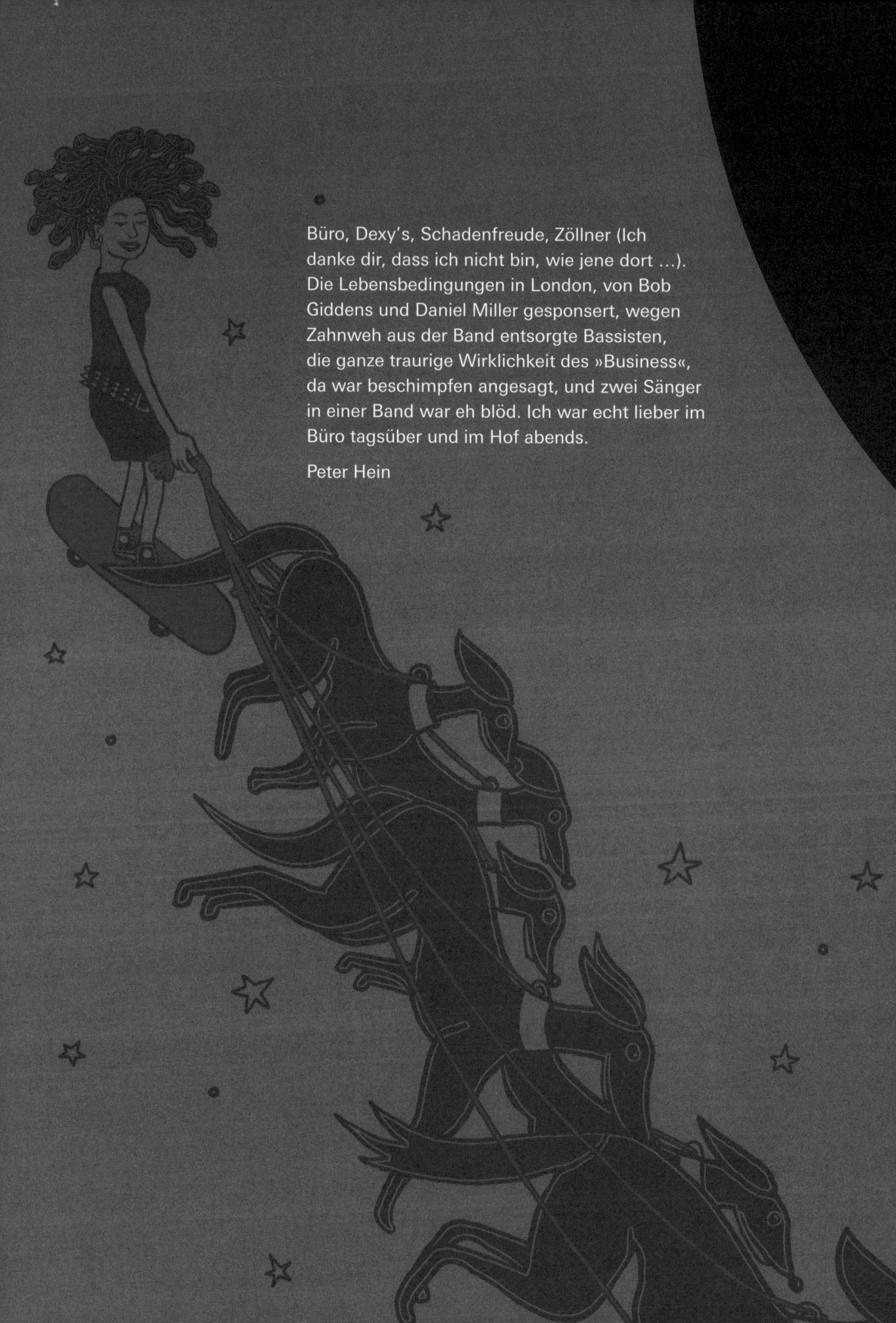

Büro, Dexy's, Schadenfreude, Zöllner (Ich danke dir, dass ich nicht bin, wie jene dort …). Die Lebensbedingungen in London, von Bob Giddens und Daniel Miller gesponsert, wegen Zahnweh aus der Band entsorgte Bassisten, die ganze traurige Wirklichkeit des »Business«, da war beschimpfen angesagt, und zwei Sänger in einer Band war eh blöd. Ich war echt lieber im Büro tagsüber und im Hof abends.

Peter Hein

Gottseidank nicht in England

Als Fehlfarben im Oktober 1980 das Album »Monarchie und Alltag« veröffentlichten, war ich zehn Jahre alt und hörte The Police, Blondie und The English Beat. Erst 1982 begann ich, Slime und Razzia zu hören (beide Bands kommen wie ich aus Hamburg-Langenhorn). Meine Welt veränderte sich und ich wurde Punk. In den späten 1990er Jahren kaufte ich mir das Album »Monarchie und Alltag«, und bis heute ist »Gott sei Dank nicht in England« der für mich stärkste Song des Albums. Ich interpretiere ihn als eine Mischung aus Verzweiflung und Selbstbestimmtheit, ohne dabei die Kapitalismuskritik überhört zu haben.

Minou Zaribaf

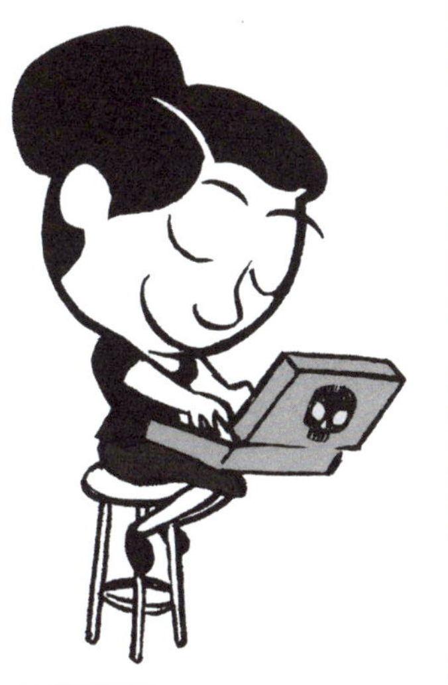

Minou Zaribaf

Gottseidank nicht in England

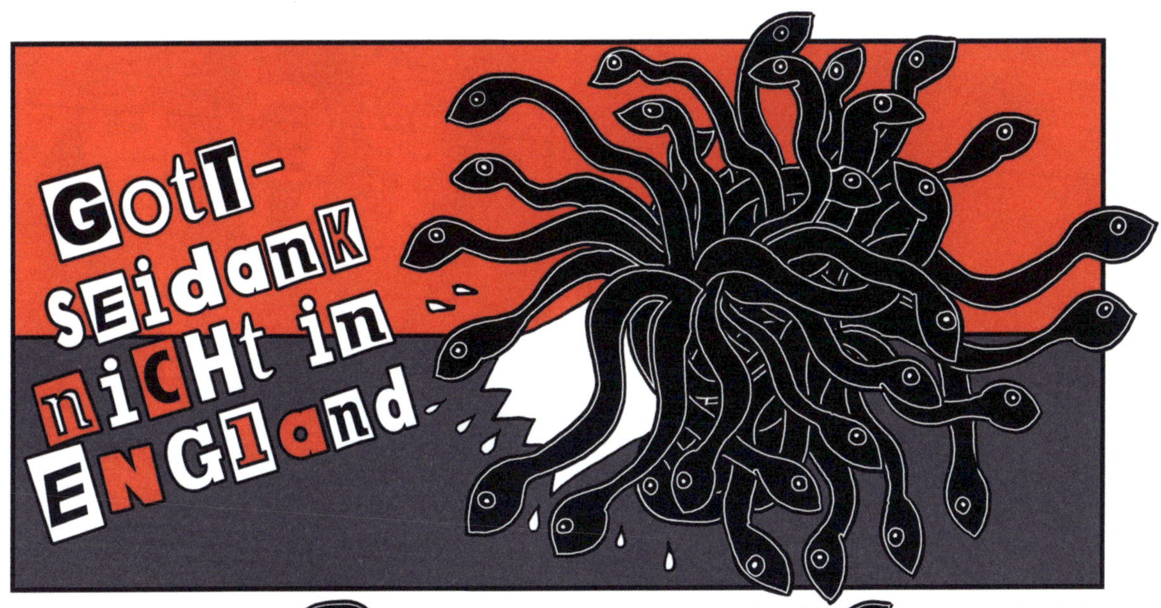
Gott-
seidank
nicht in
England

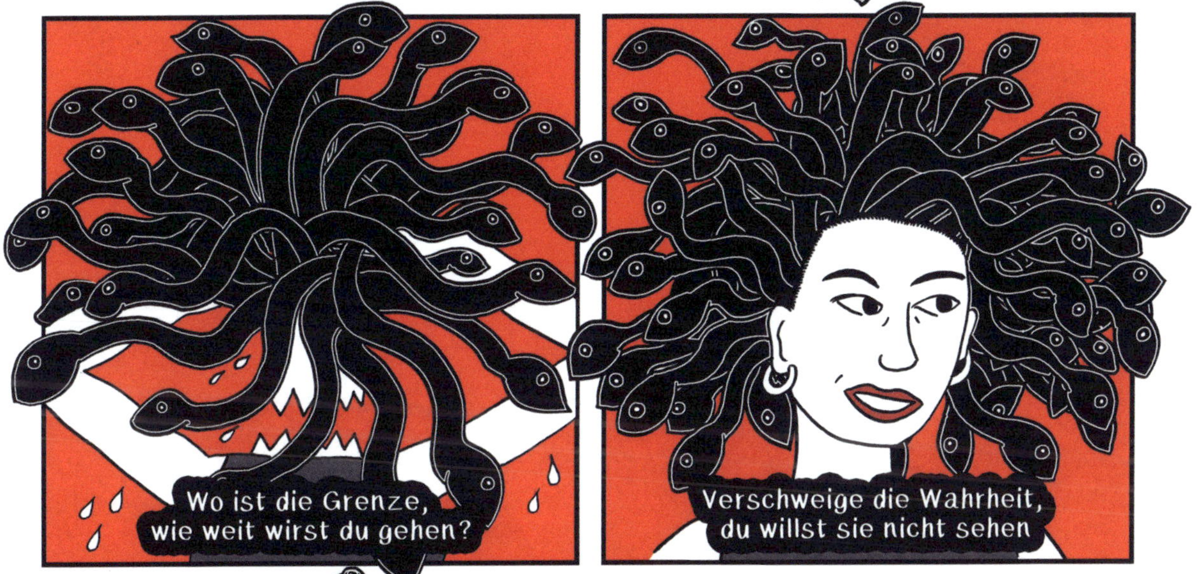
Wo ist die Grenze,
wie weit wirst du gehen?
Verschweige die Wahrheit,
du willst sie nicht sehen

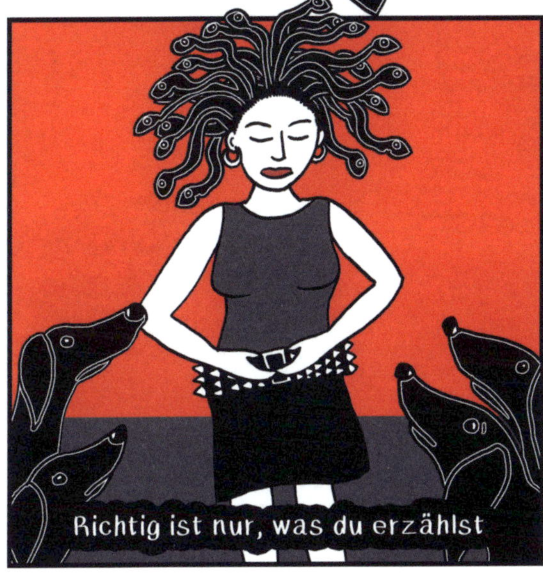
Richtig ist nur, was du erzählst

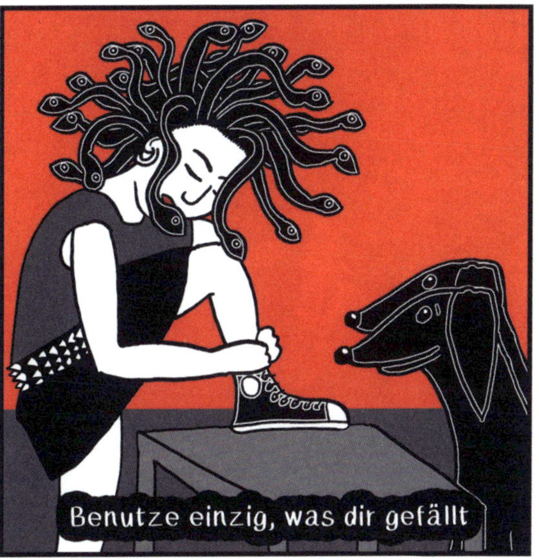
Benutze einzig, was dir gefällt

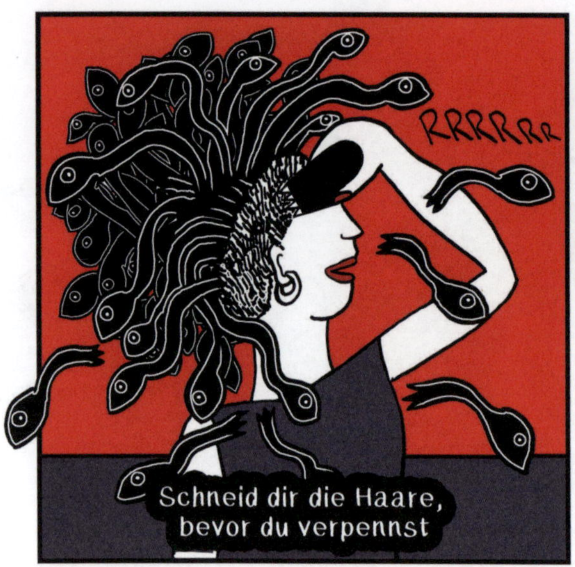
RRRRRRR
Schneid dir die Haare,
bevor du verpennst

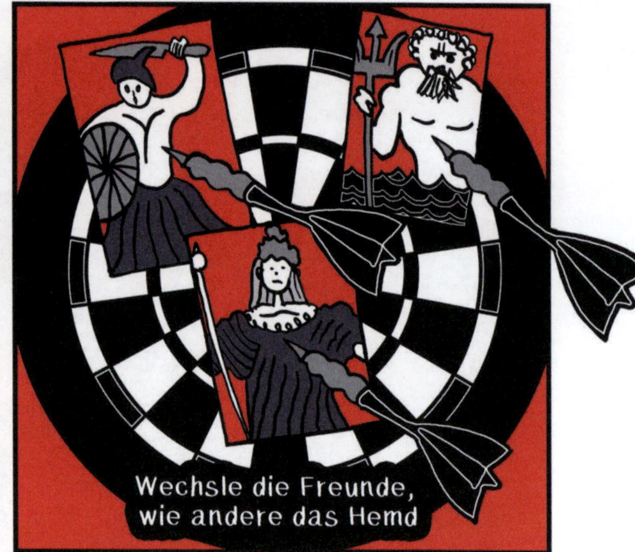
Wechsle die Freunde,
wie andere das Hemd

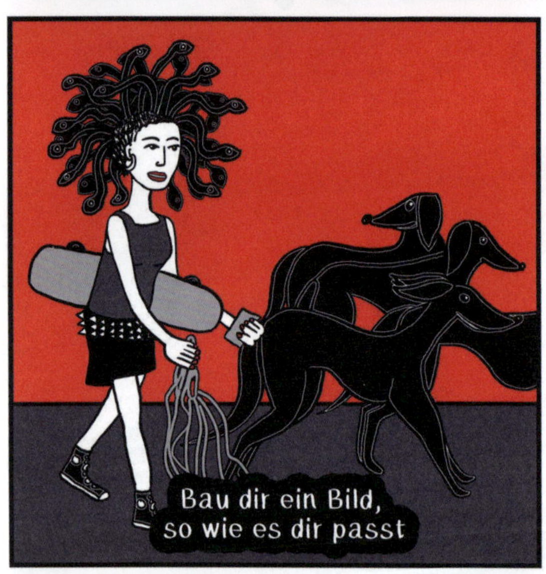
Bau dir ein Bild,
so wie es dir passt

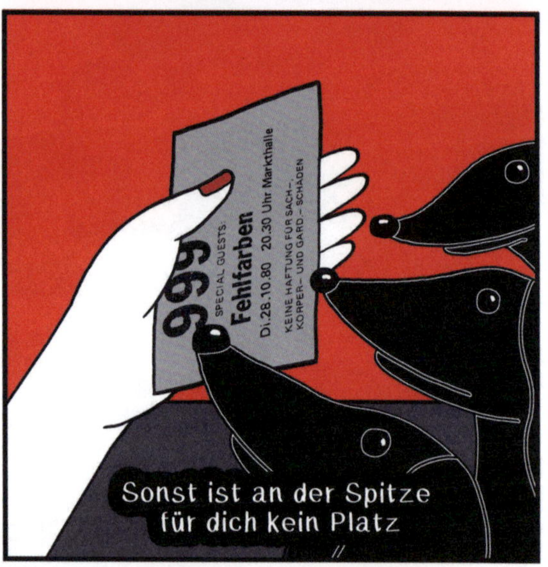
999
SPECIAL GUESTS:
Fehlfarben
Di.28.10.80 20.30 Uhr Markthalle
KEINE HAFTUNG FÜR SACH-,
KÖRPER- UND GARD.-SCHÄDEN
Sonst ist an der Spitze
für dich kein Platz

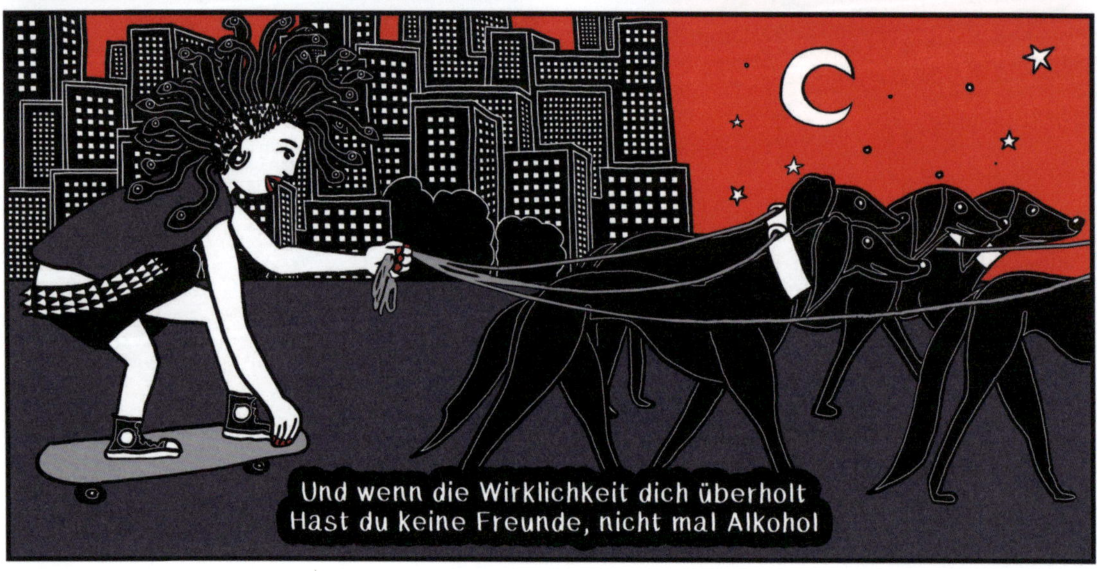
Und wenn die Wirklichkeit dich überholt
Hast du keine Freunde, nicht mal Alkohol

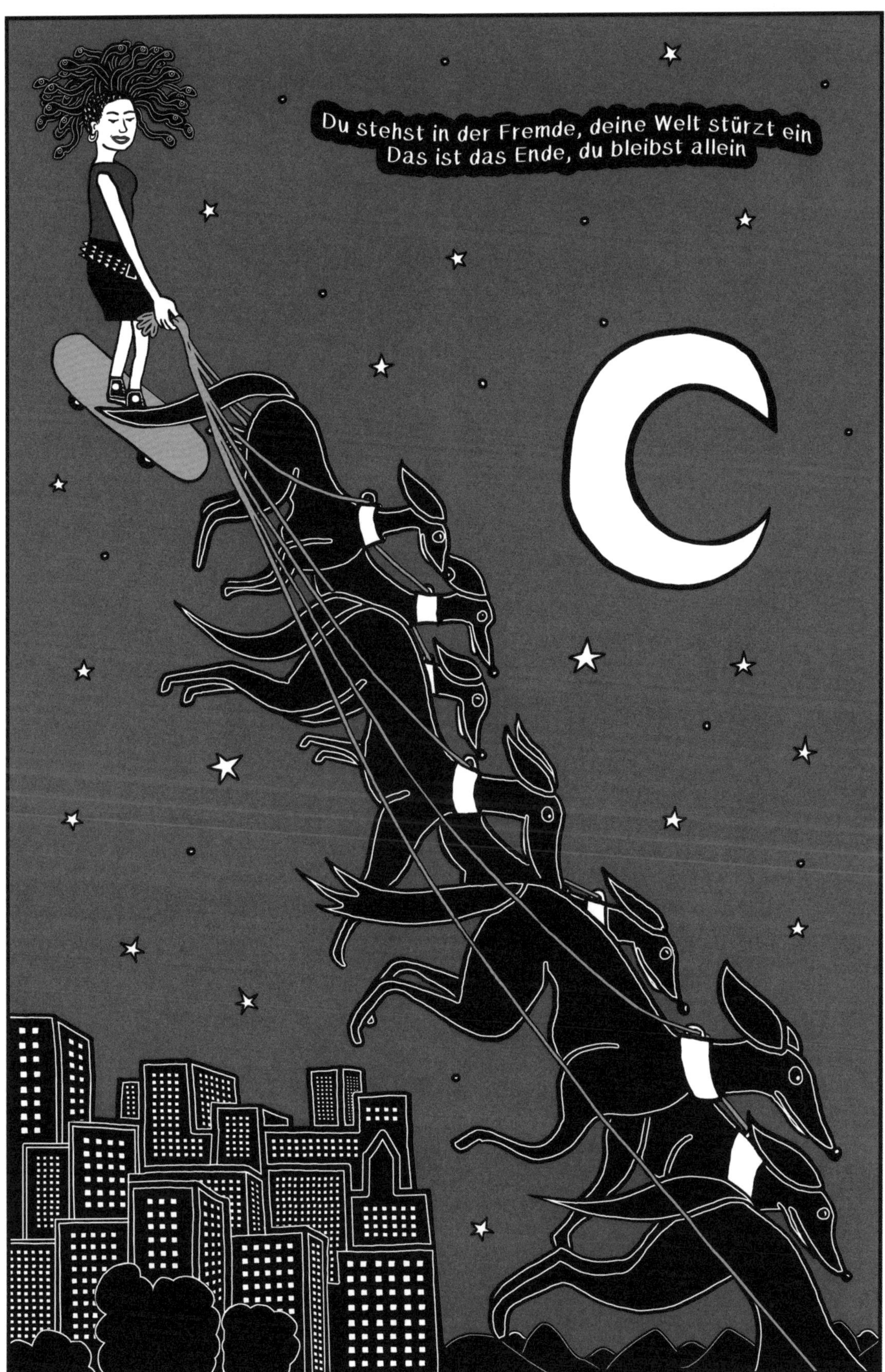
Du stehst in der Fremde, deine Welt stürzt ein
Das ist das Ende, du bleibst allein

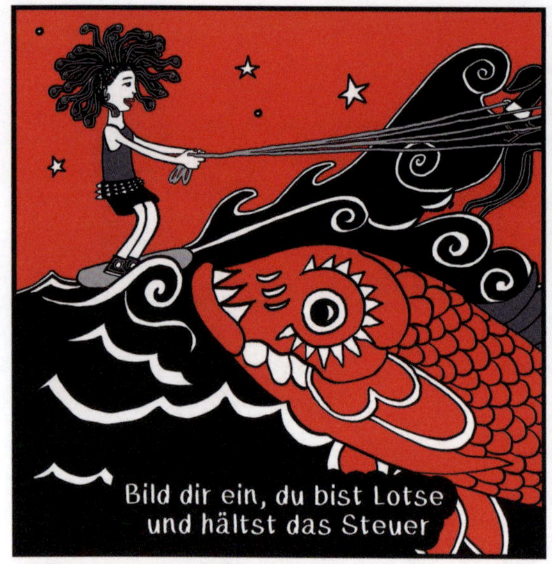
Bild dir ein, du bist Lotse
und hältst das Steuer

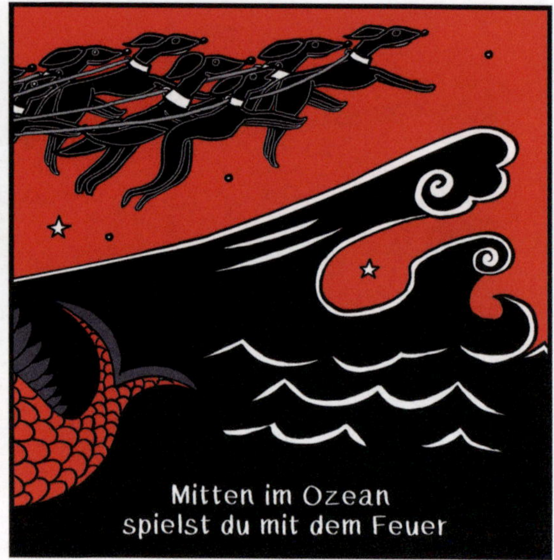
Mitten im Ozean
spielst du mit dem Feuer

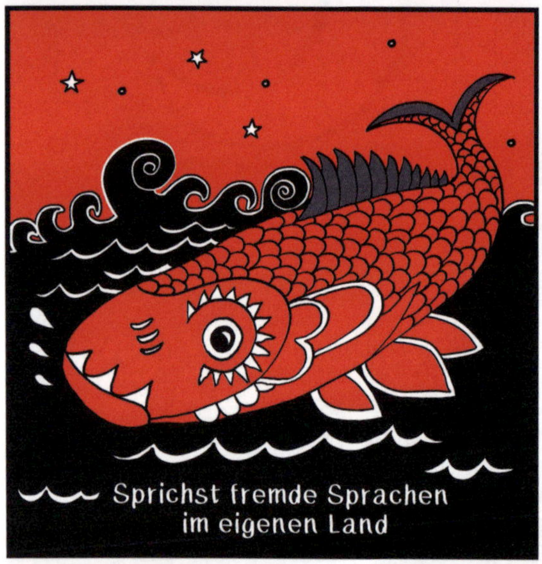
Sprichst fremde Sprachen
im eigenen Land

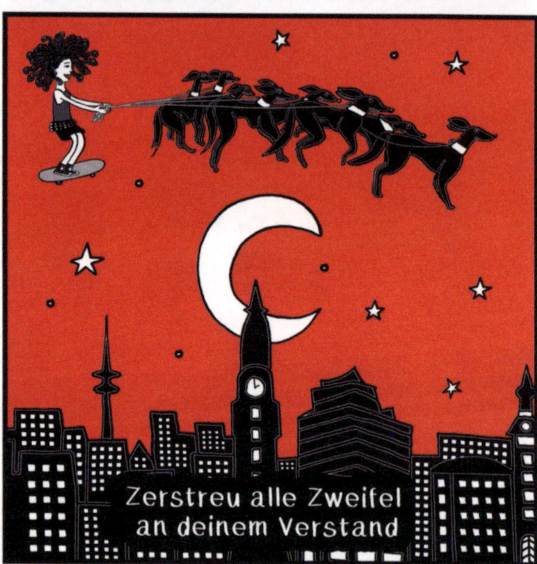
Zerstreu alle Zweifel
an deinem Verstand

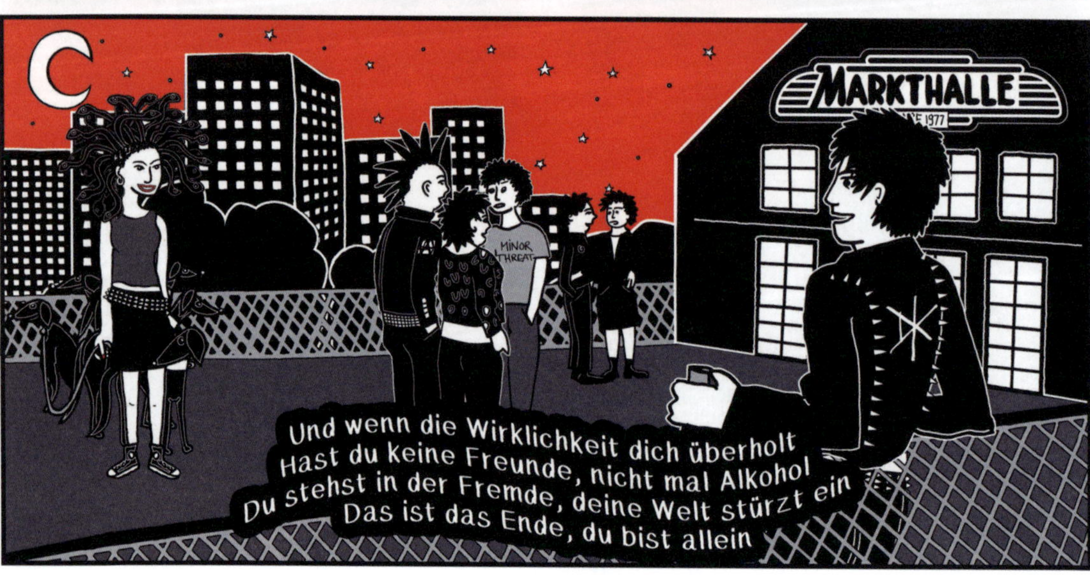
MARKTHALLE
MINOR THREAT
Und wenn die Wirklichkeit dich überholt
Hast du keine Freunde, nicht mal Alkohol
Du stehst in der Fremde, deine Welt stürzt ein
Das ist das Ende, du bist allein

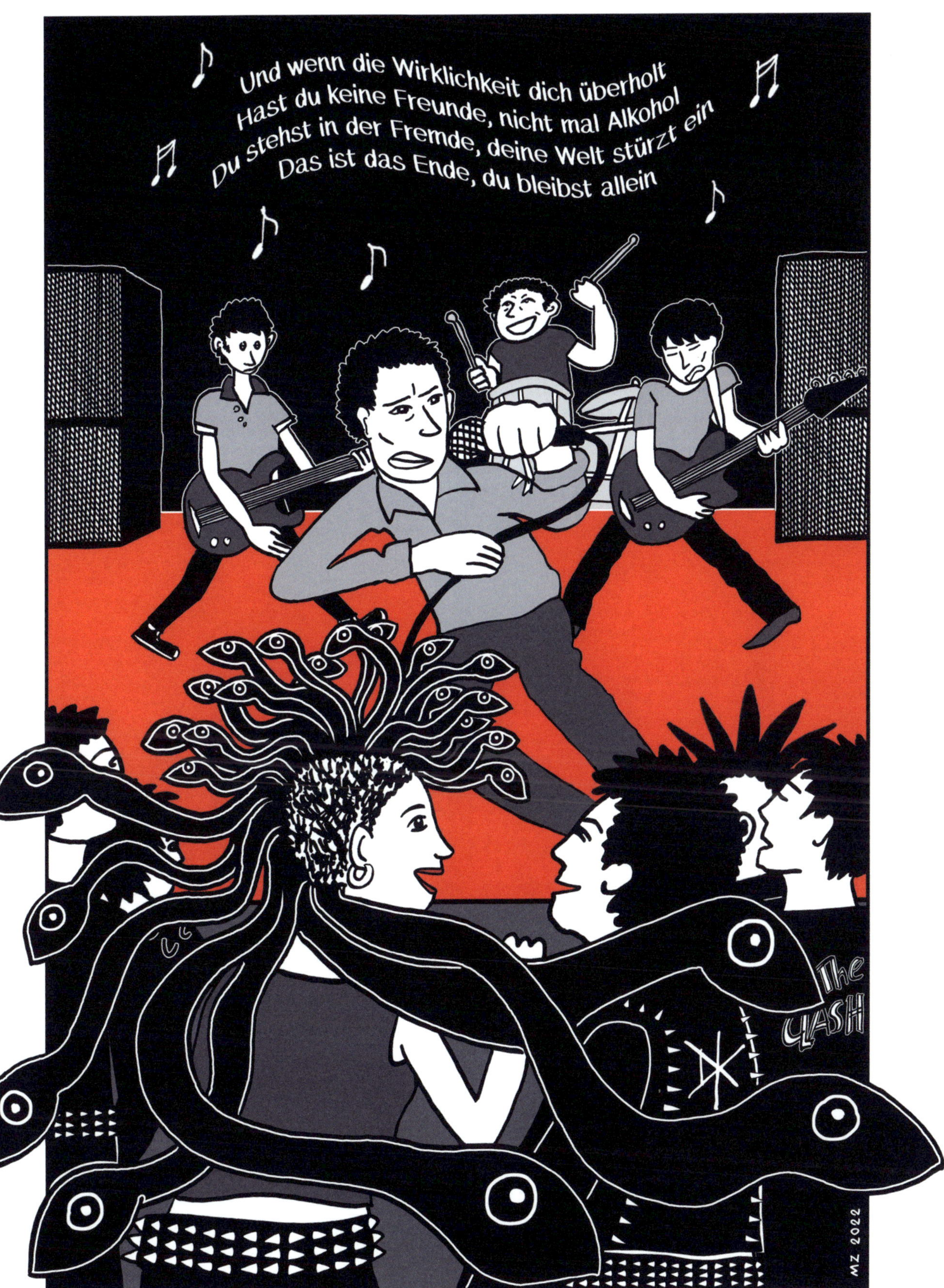
Und wenn die Wirklichkeit dich überholt
Hast du keine Freunde, nicht mal Alkohol
Du stehst in der Fremde, deine Welt stürzt ein
Das ist das Ende, du bleibst allein
The CLASH
MZ 2022

Jetzt isser ja nicht mehr unter uns, diese Erinnerungen an unsere erste Berlinreise, zum Konzert im SO36 glaub ich, '79, fünf Uhr morgens Zonengrenze, Aussichtsplattform, Wachturm und Ossis kucken, als Frühstück beim Nachttürken kaltes Gemüse in lauwarmem Öl, die hat er uns, Mittagspause, »geschenkt«, als Ablöse für seinen fliegenden Wechsel zu DAF. Die Musik ist 'ne andere als bei Mittagspause. Von mir ist da nur die Betonung am Ende.

Peter Hein

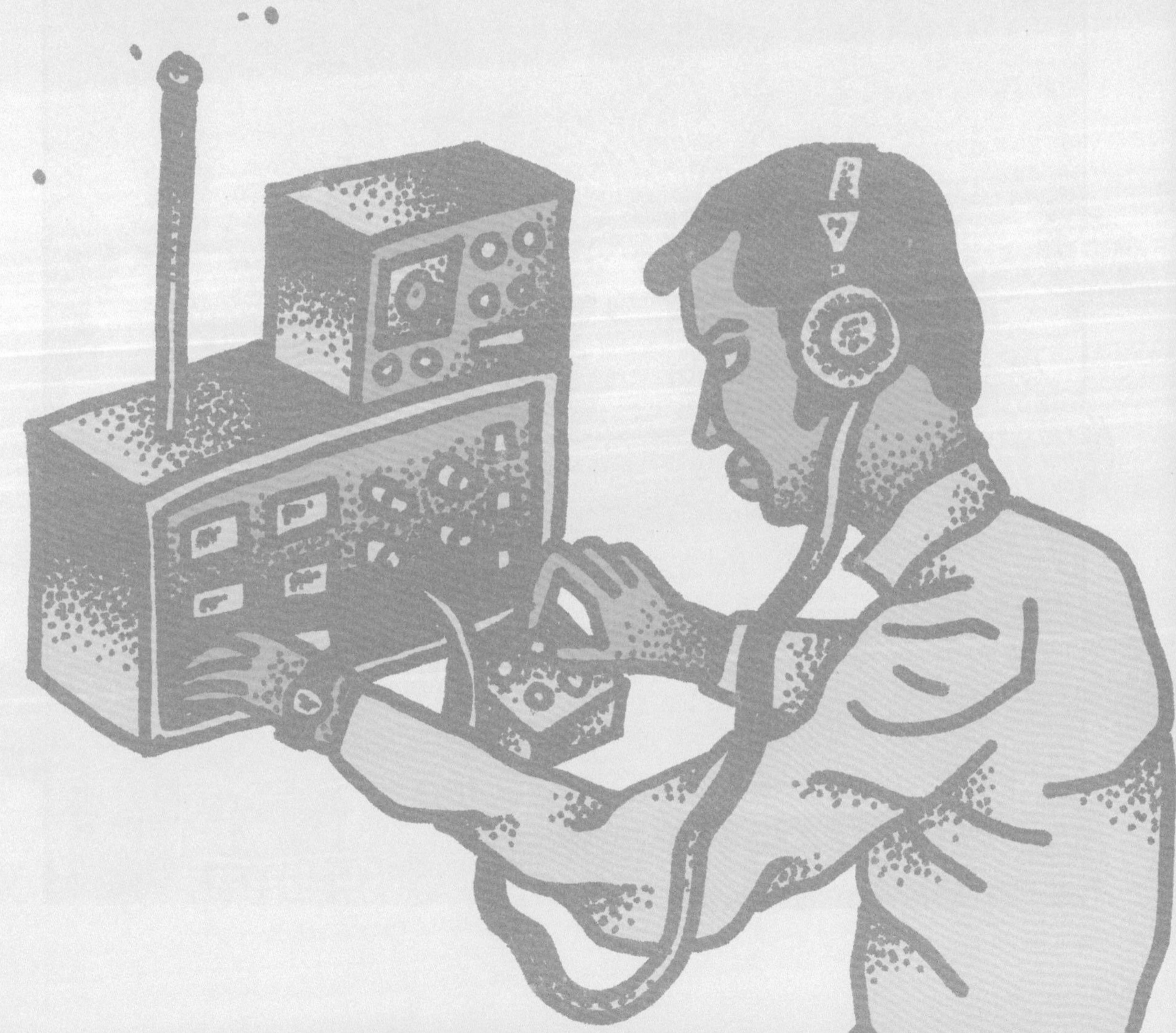

Militürk

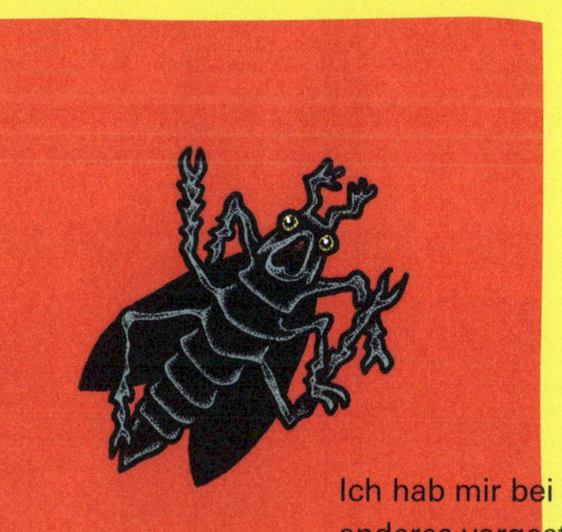

Ich hab mir bei dem Lied immer was ganz anderes vorgestellt. Dass die DDR von Türken unterwandert wird. Und die Vorstellung fand ich irgendwie geil. Leider geht's aber wohl um Kreuzberg in den 80ern. Schade.

Ricaletto

Ricaletto

Militürk

KEBABTRÄUME

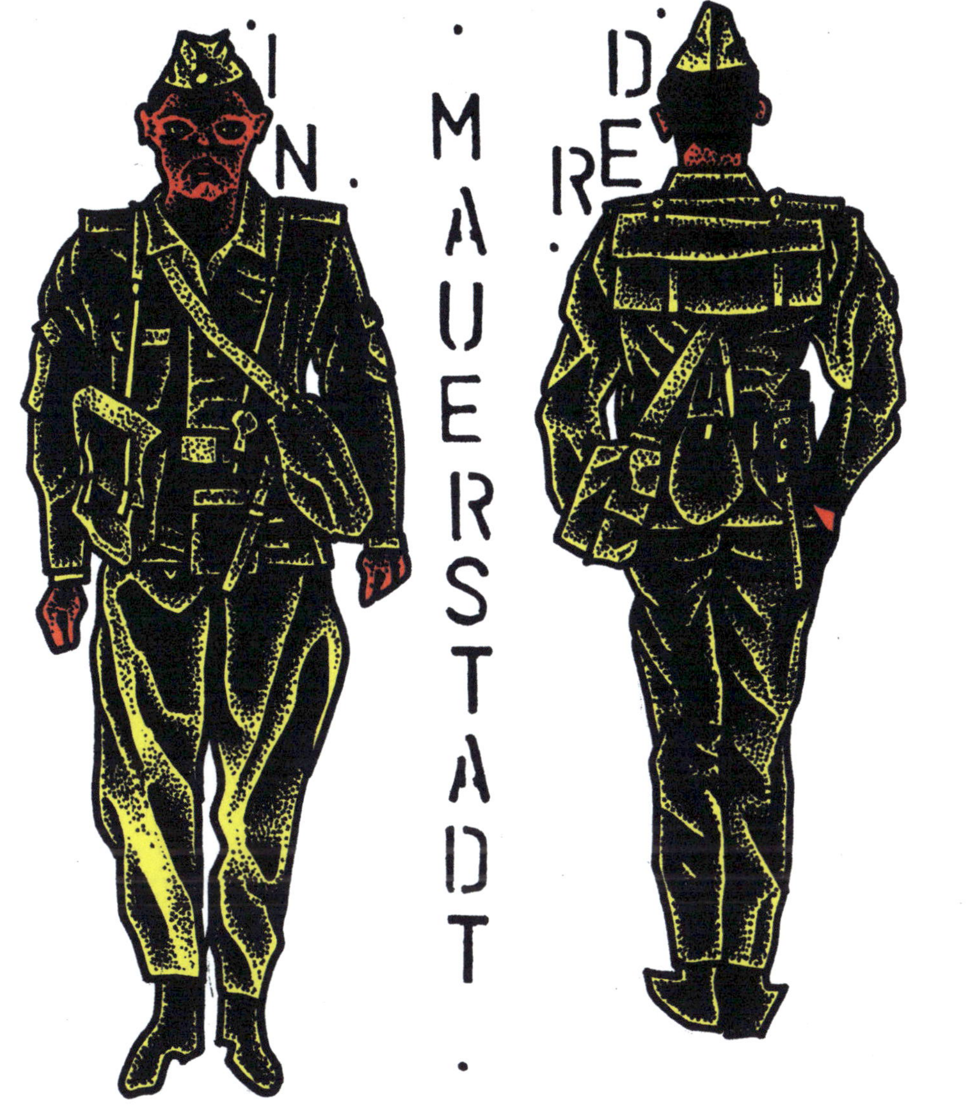

TÜRK·KÜLTÜR HINTER STACHELDRAHT

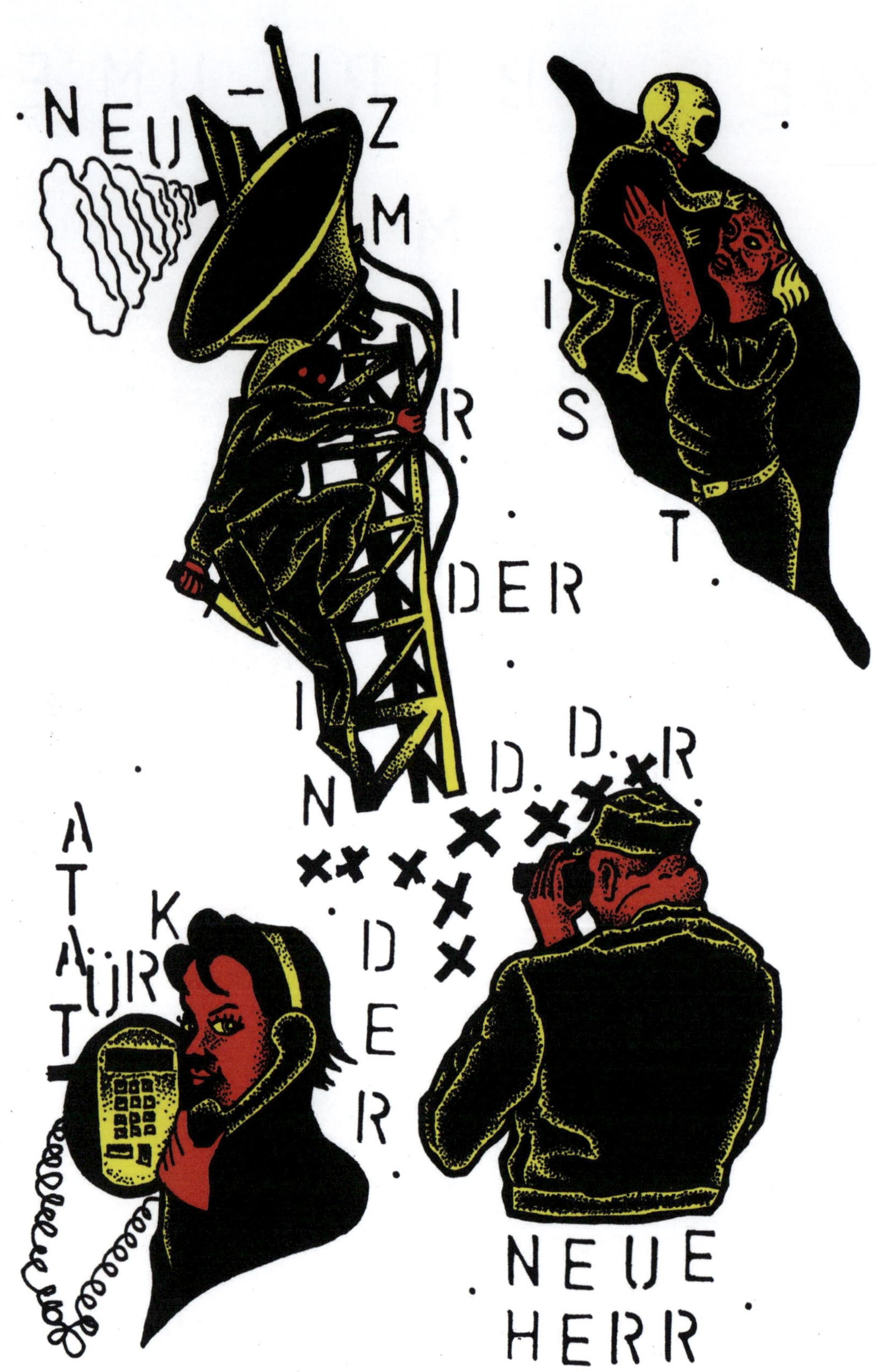
NEU-IZMIR
IST
DER
IN
D.D.R.
ATATÜRK
DER
NEUE
HERR

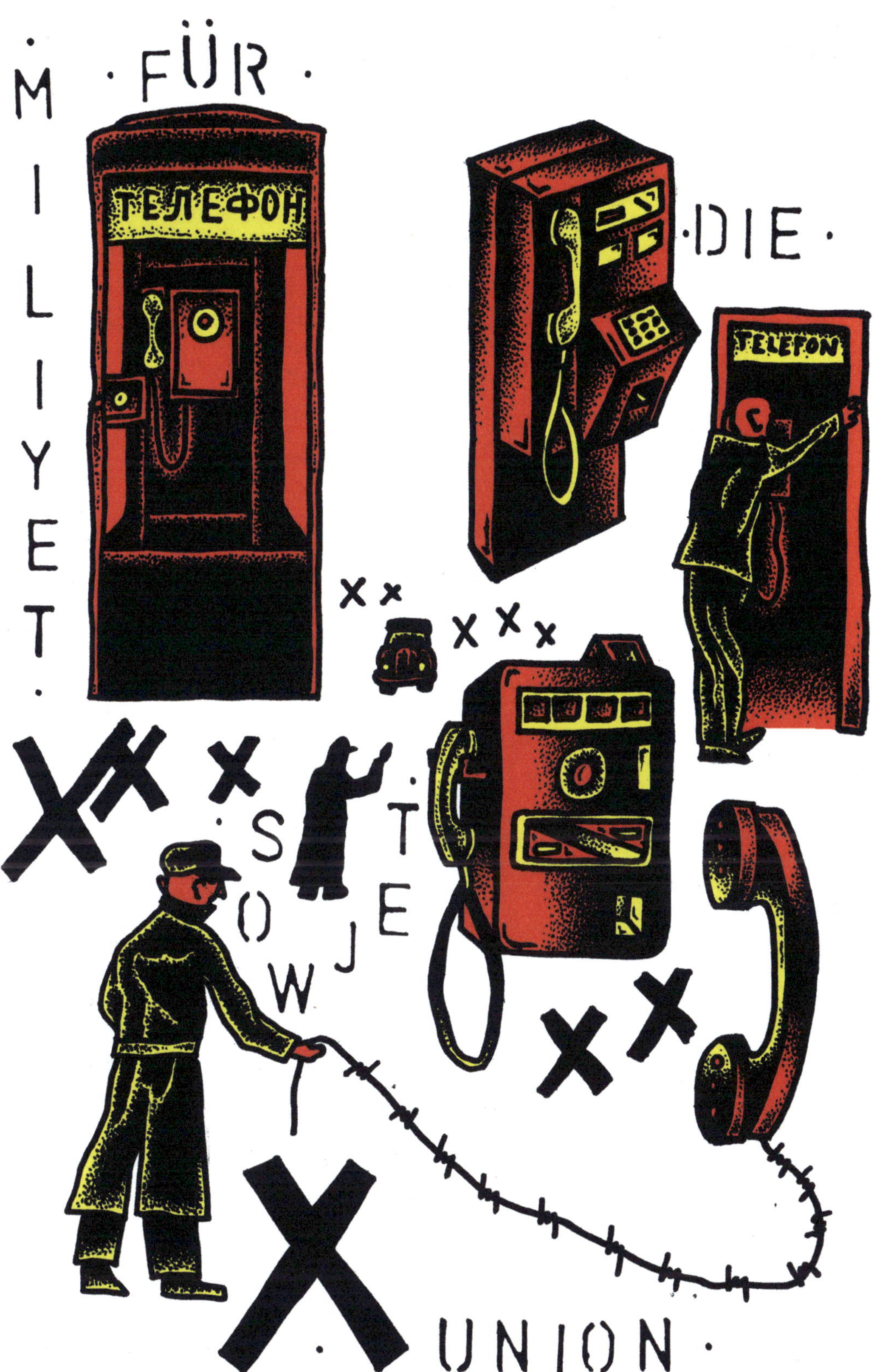

MILLIYET
FÜR
ТЕЛЕФОН
DIE
TELEFON
SOWJET
UNION

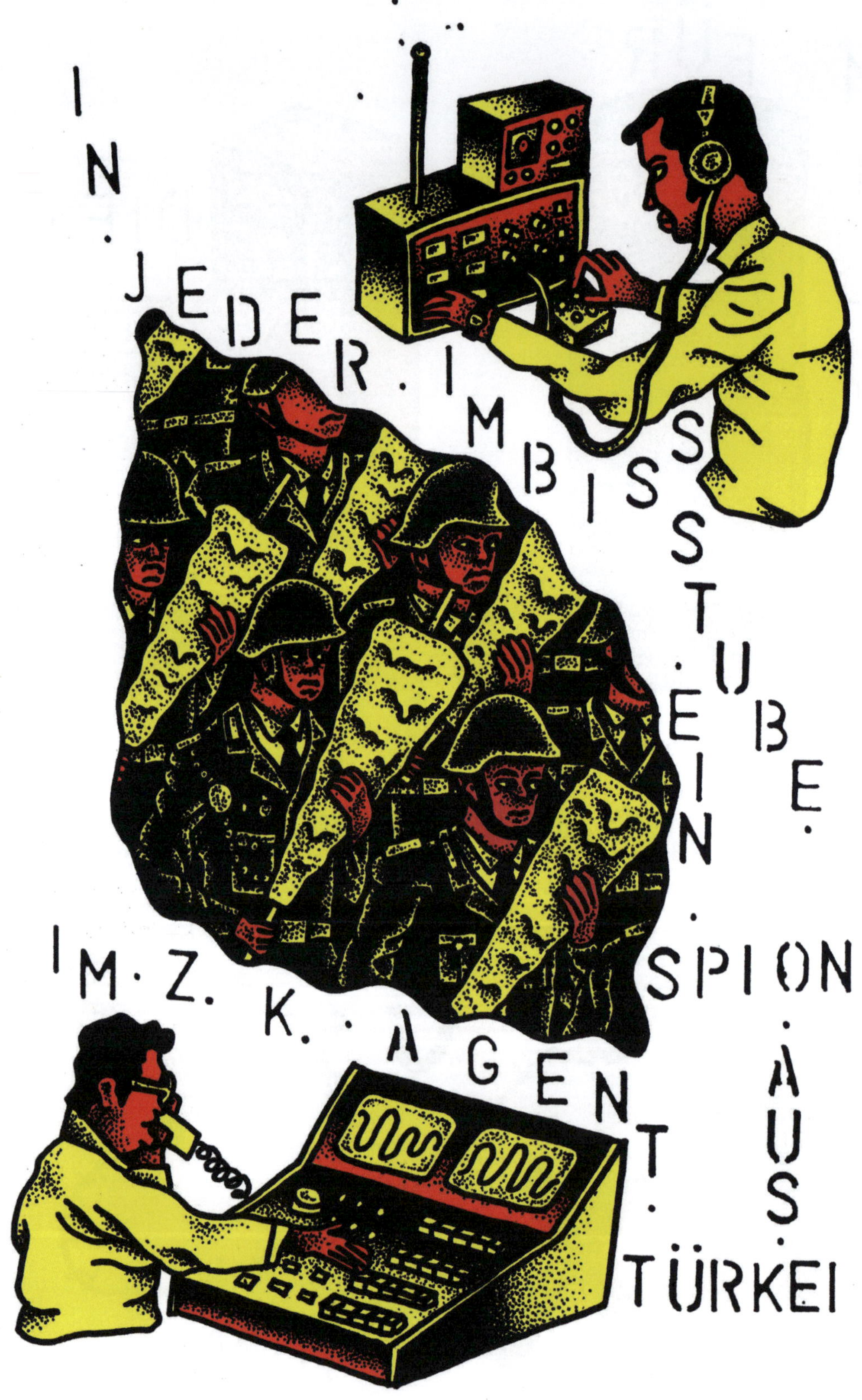
IN.JEDER.IMBISSSTUBE.
EIN.SPION
IM·Z.K.·AGENT.AUS.TÜRKEI

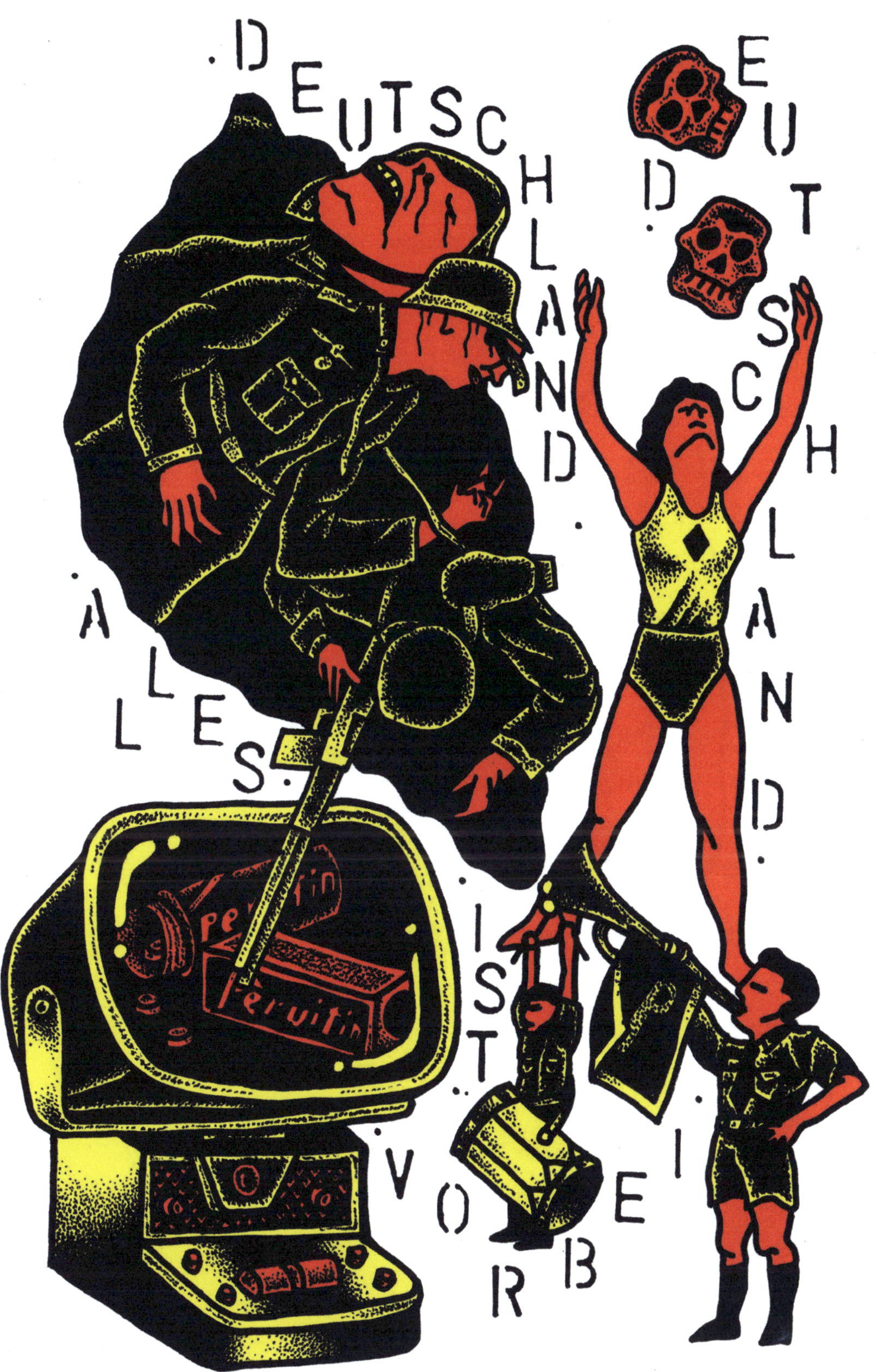
DEUTSCHLAND
DEUTSCHLAND
ALLES IST VORBEI
Pervitin

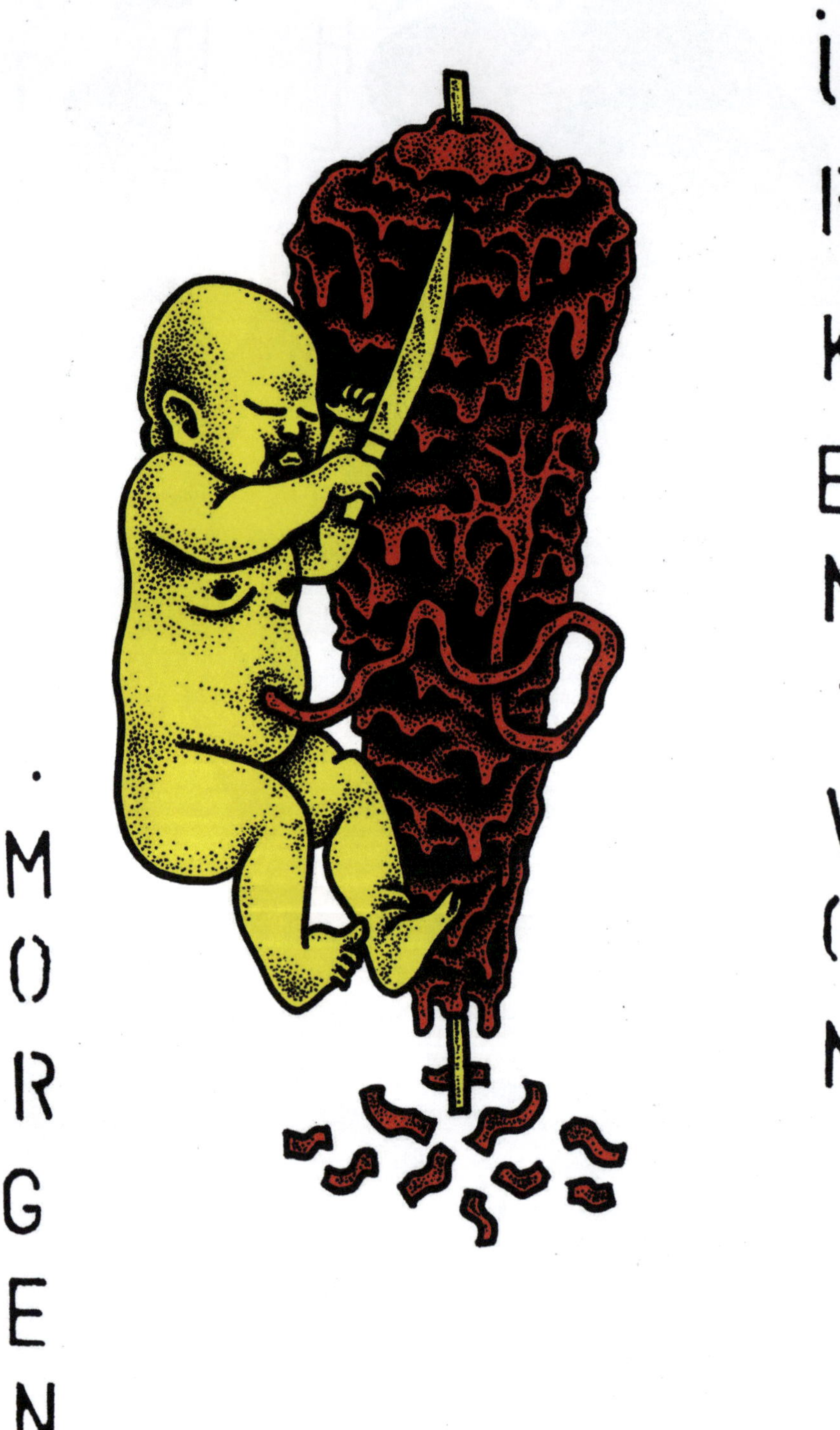
·WIR·SIND·DIE·TÜRKEN·VON·
·MORGEN

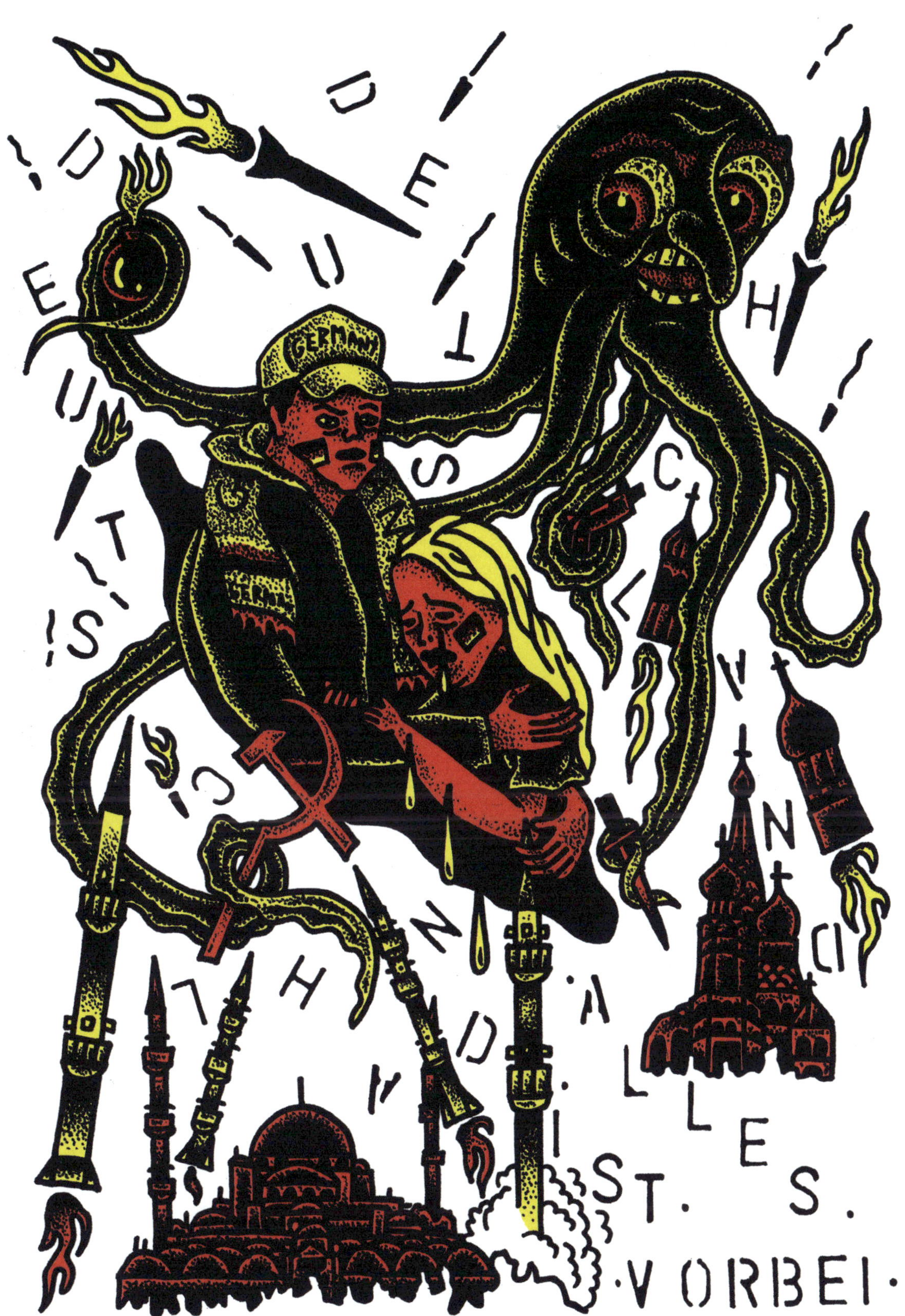
GERMANY
·VORBEI·

Apokalypse

Eigentlich immer »Ernstfall«, auch ein von Mittagspause rüber geretteter Text, schon damals galt, warum neu schreiben, wenn man was gutes Fertiges hat. Wire standen Pate, wahrscheinlich. Die Namen der Waffensysteme waren damals aktuell. Könnte auf Bierdeckel geschrieben worden sein, '78/'79.

Peter Hein

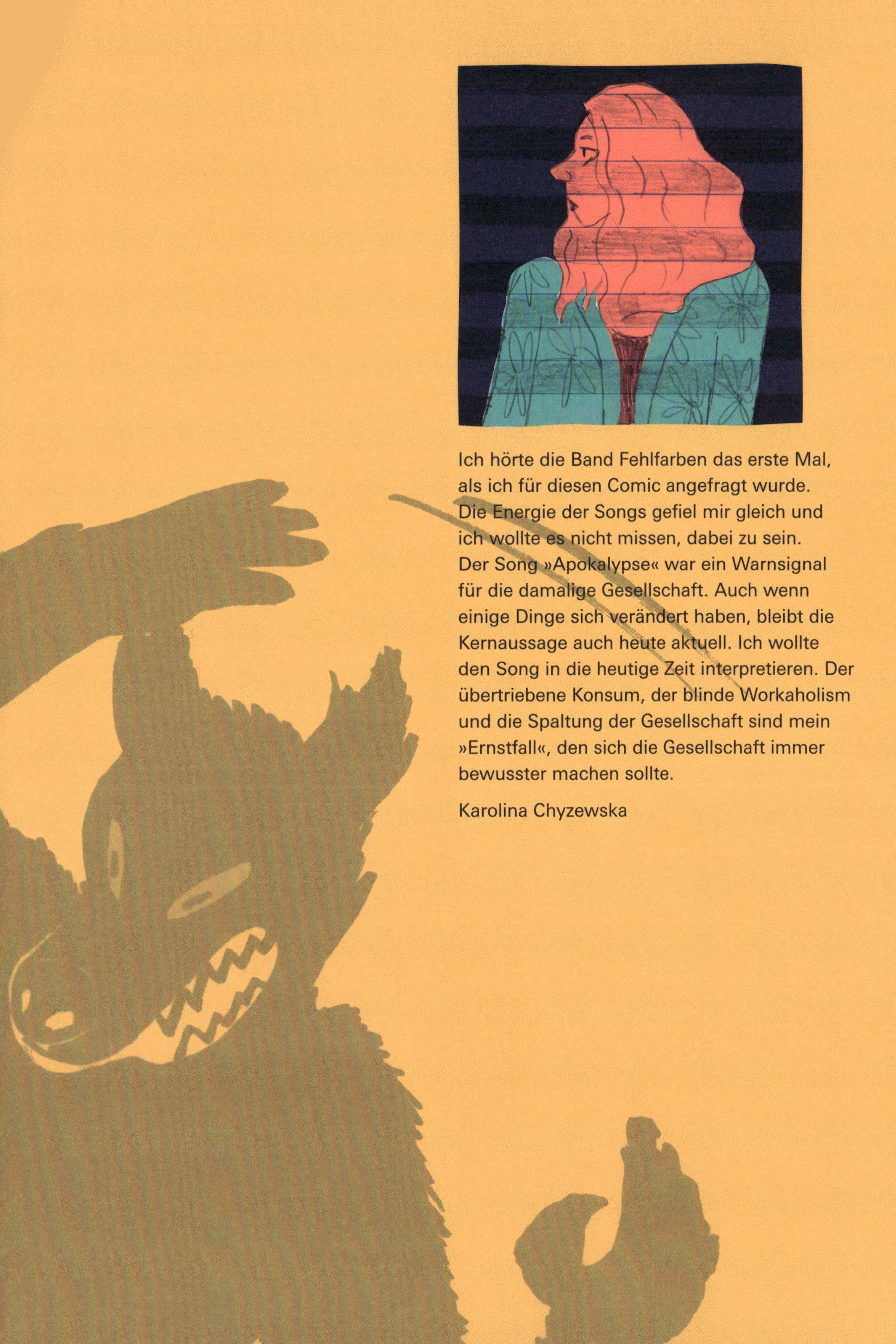

Ich hörte die Band Fehlfarben das erste Mal, als ich für diesen Comic angefragt wurde. Die Energie der Songs gefiel mir gleich und ich wollte es nicht missen, dabei zu sein. Der Song »Apokalypse« war ein Warnsignal für die damalige Gesellschaft. Auch wenn einige Dinge sich verändert haben, bleibt die Kernaussage auch heute aktuell. Ich wollte den Song in die heutige Zeit interpretieren. Der übertriebene Konsum, der blinde Workaholism und die Spaltung der Gesellschaft sind mein »Ernstfall«, den sich die Gesellschaft immer bewusster machen sollte.

Karolina Chyzewska

Karolina Chyzewska

Apokalypse

APOKALYPSE

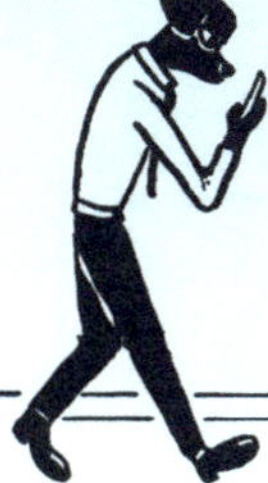

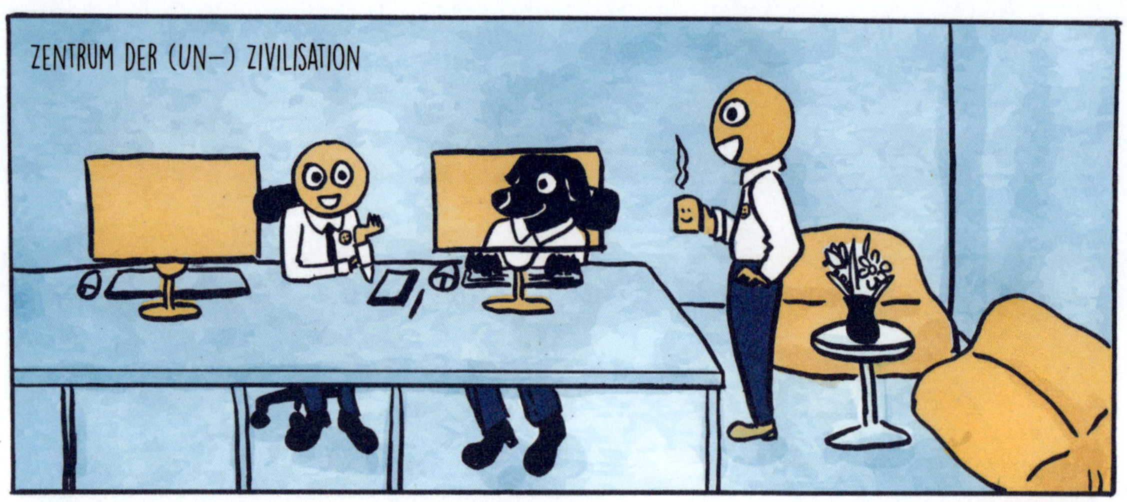
ZENTRUM DER (UN–) ZIVILISATION

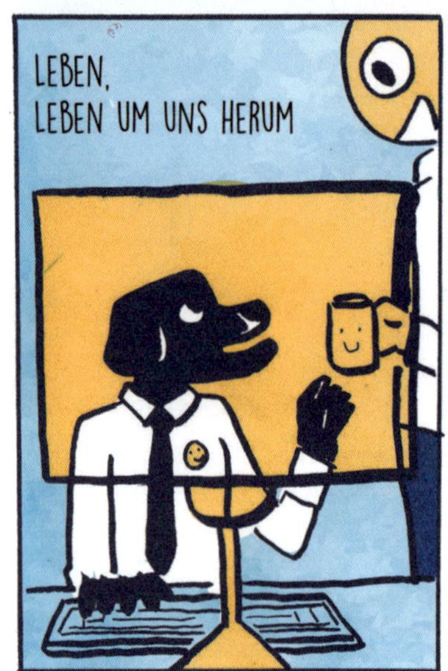
LEBEN,
LEBEN UM UNS HERUM

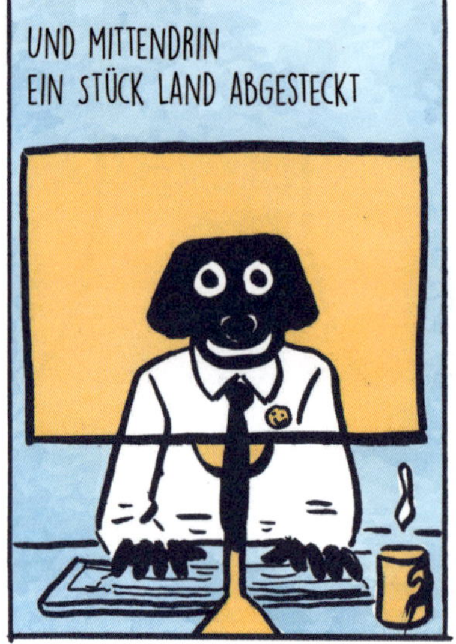
UND MITTENDRIN
EIN STÜCK LAND ABGESTECKT

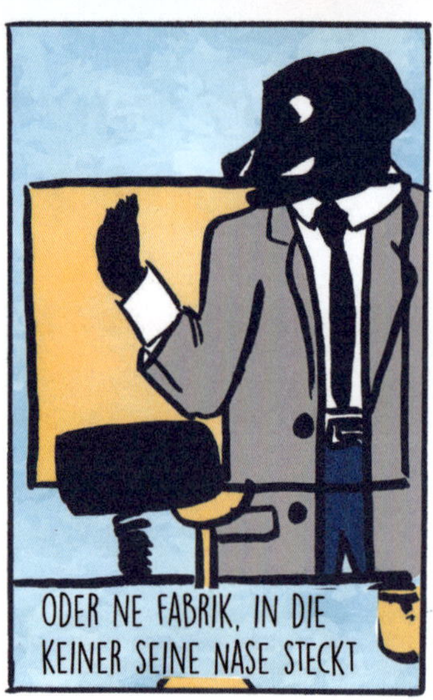
ODER NE FABRIK, IN DIE
KEINER SEINE NASE STECKT

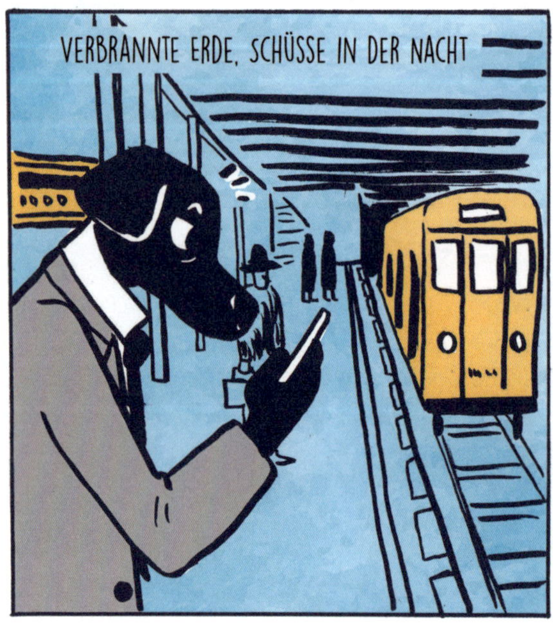
VERBRANNTE ERDE, SCHÜSSE IN DER NACHT

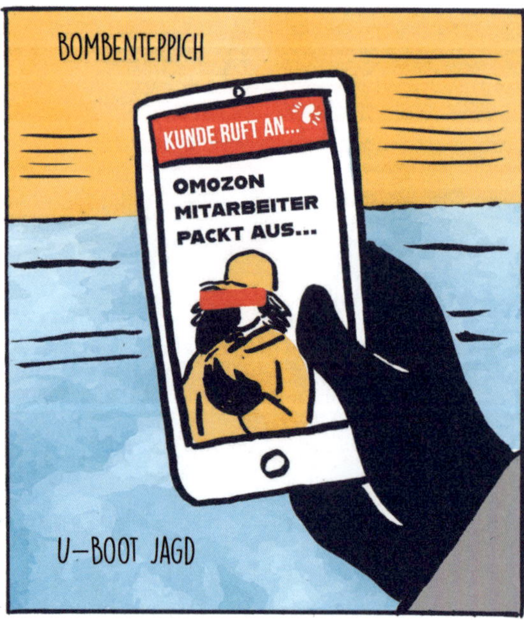
BOMBENTEPPICH
KUNDE RUFT AN...
OMOZON
MITARBEITER
PACKT AUS...
U–BOOT JAGD

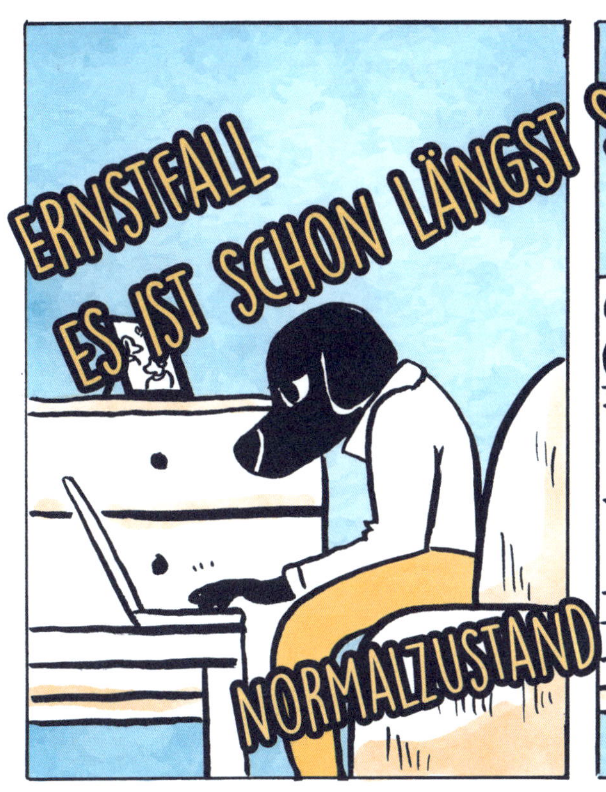
ERNSTFALL
ES IST SCHON LÄNGST SOWEIT

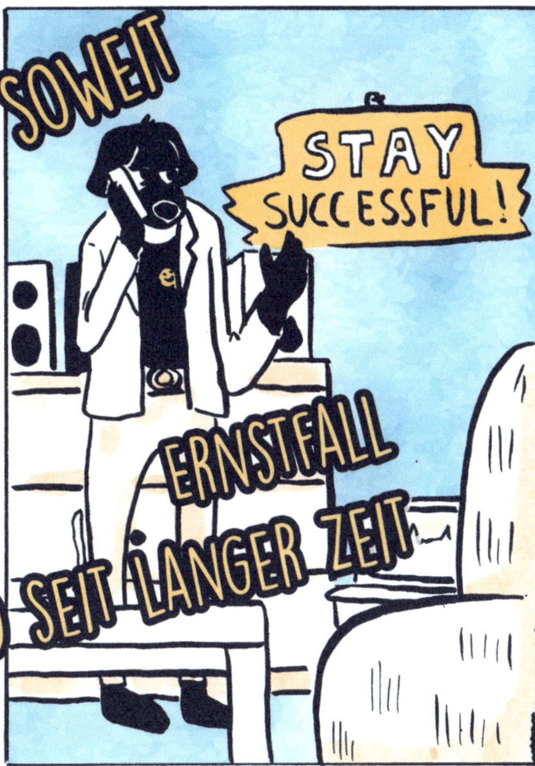
STAY SUCCESSFUL!
ERNSTFALL
NORMALZUSTAND SEIT LANGER ZEIT

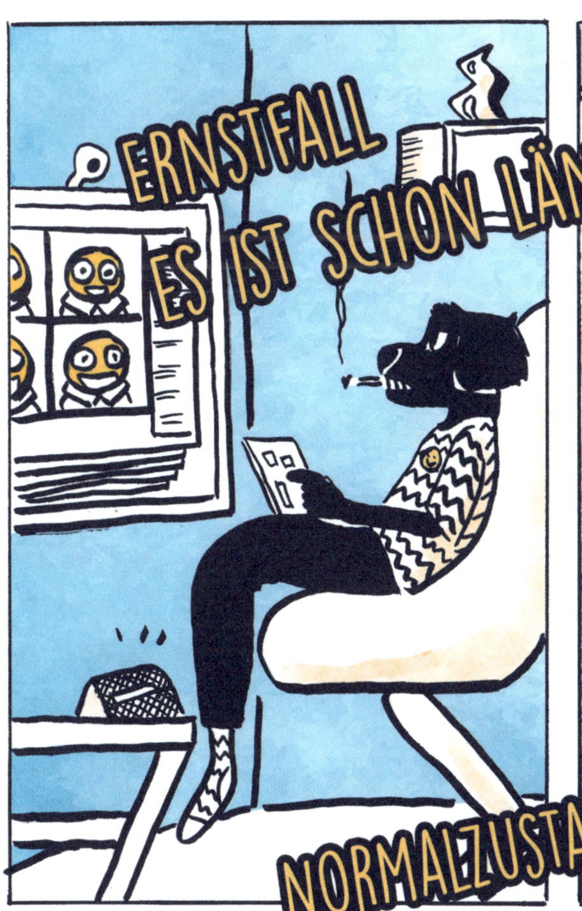
ERNSTFALL
ES IST SCHON LÄNGST SOWEIT

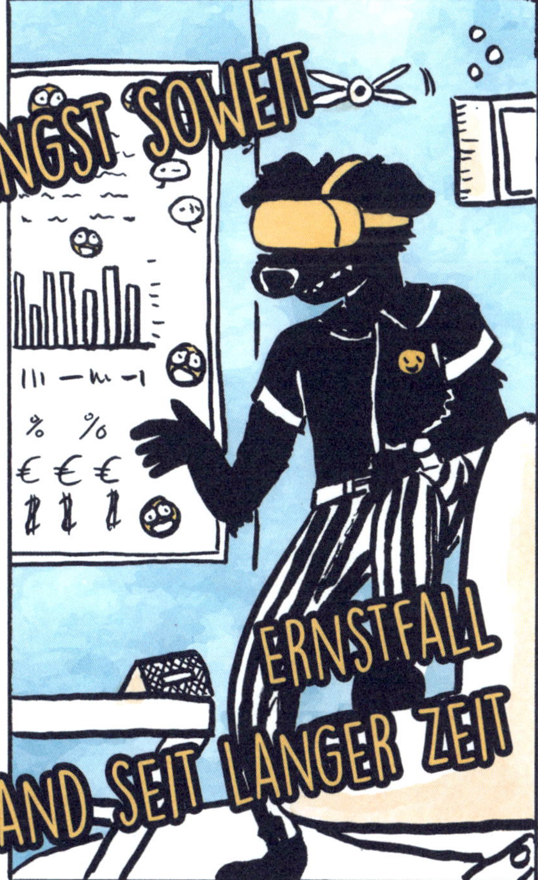
ERNSTFALL
NORMALZUSTAND SEIT LANGER ZEIT

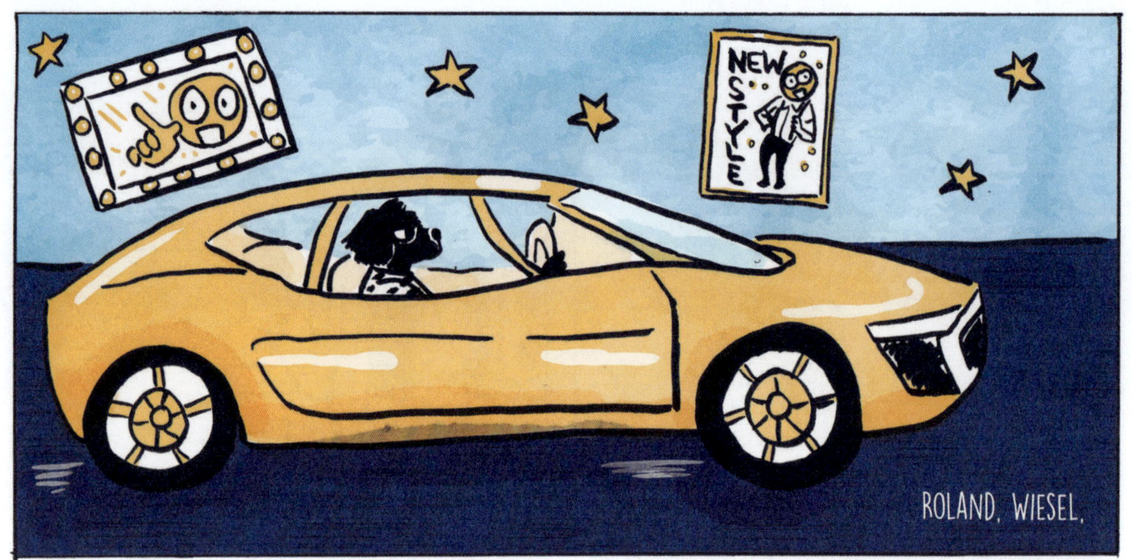
NEW STYLE
ROLAND, WIESEL,

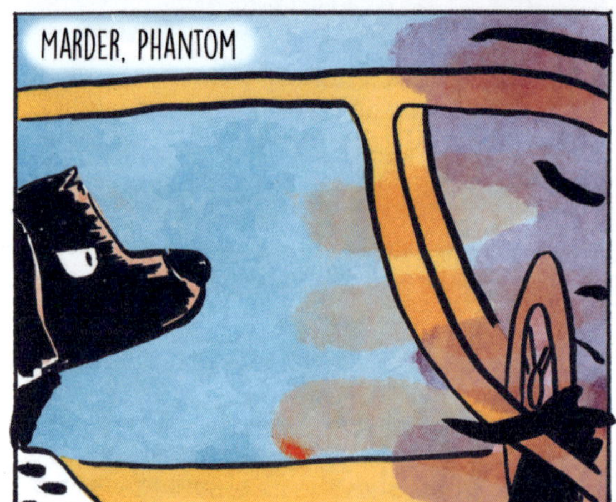
MARDER, PHANTOM

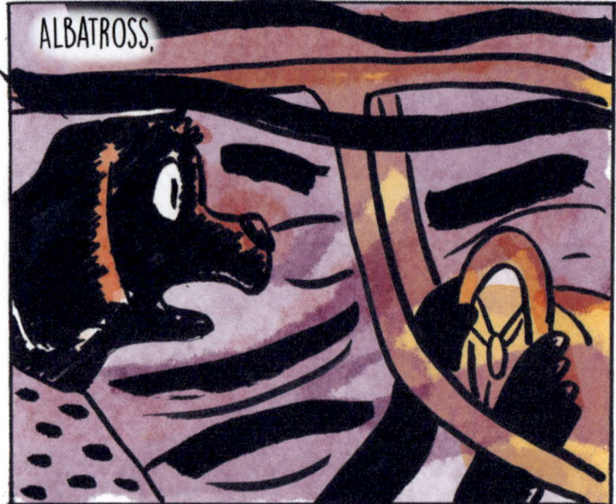
ALBATROSS,

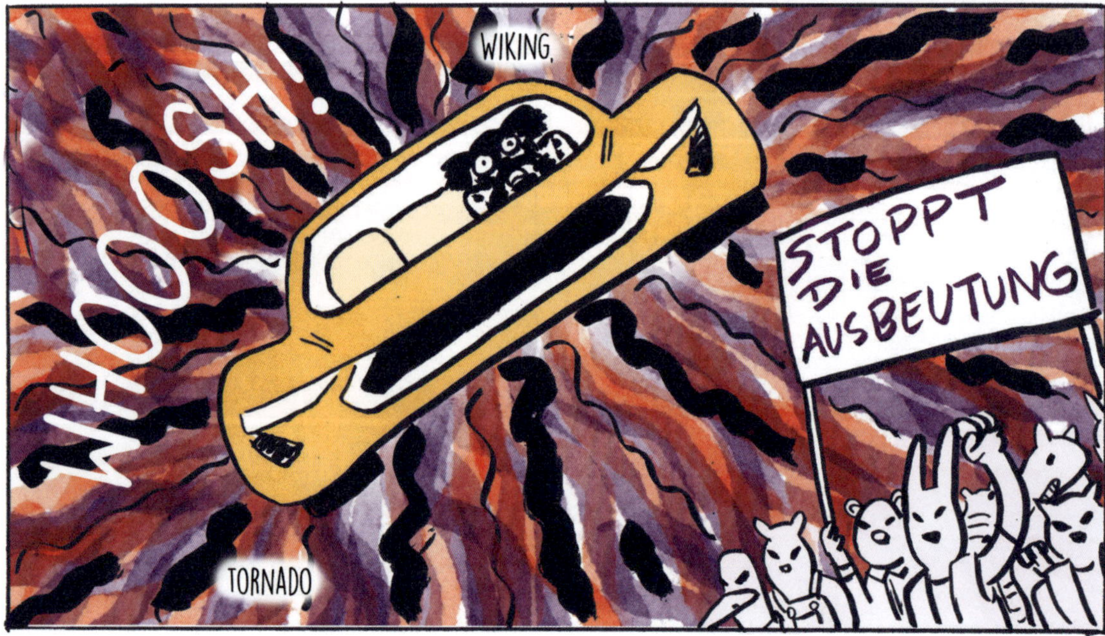
WIKING,
WHOOOSH!
STOPPT DIE AUSBEUTUNG
TORNADO

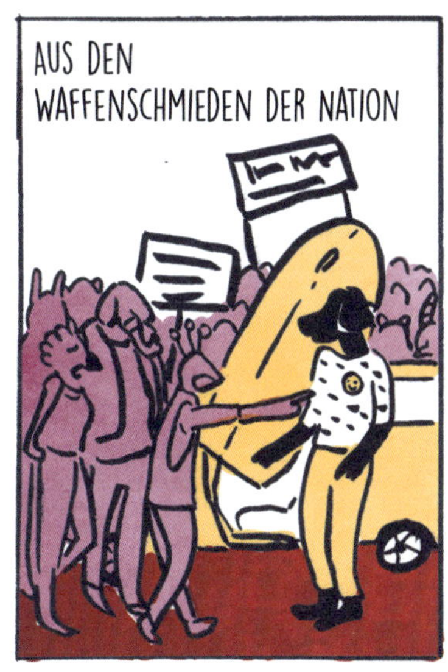
AUS DEN
WAFFENSCHMIEDEN DER NATION

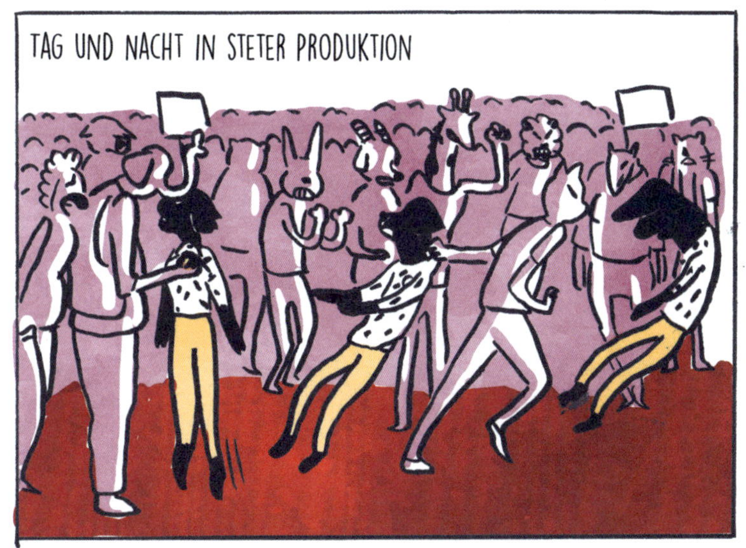
TAG UND NACHT IN STETER PRODUKTION

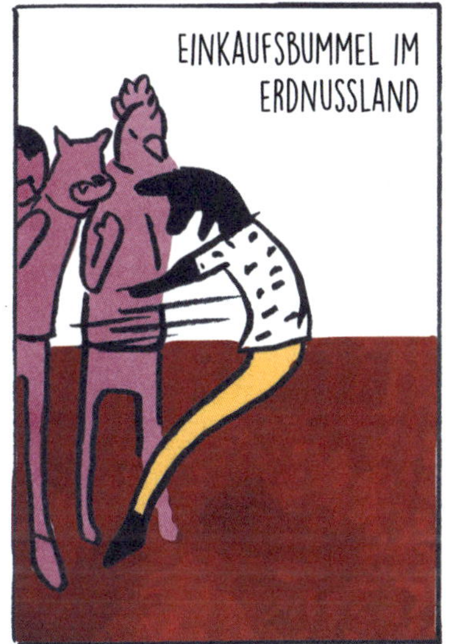
EINKAUFSBUMMEL IM
ERDNUSSLAND

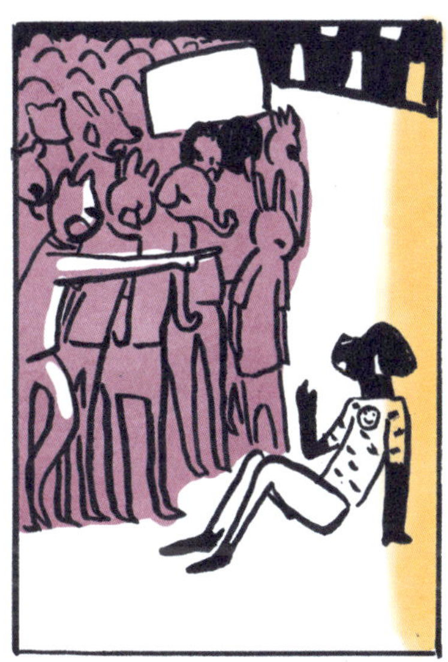

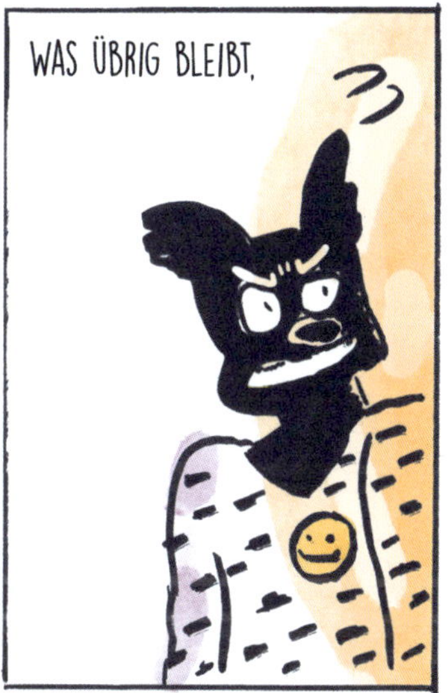
WAS ÜBRIG BLEIBT,

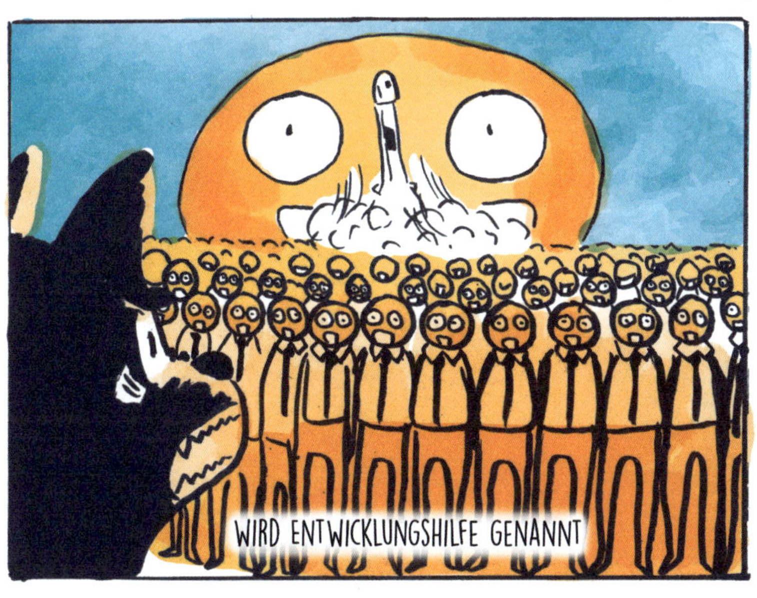
WIRD ENTWICKLUNGSHILFE GENANNT

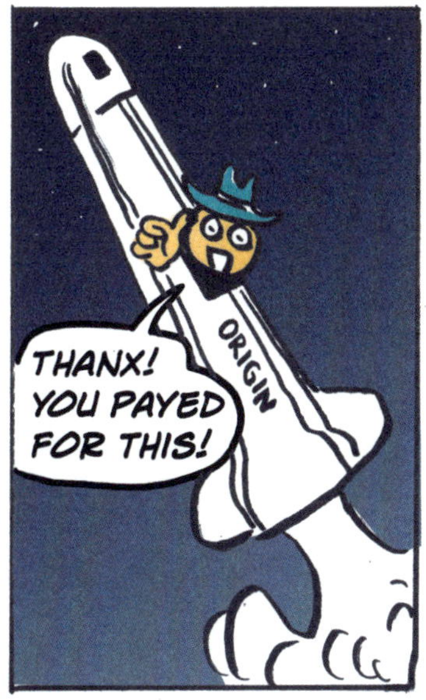
ORIGIN
THANX! YOU PAYED FOR THIS!

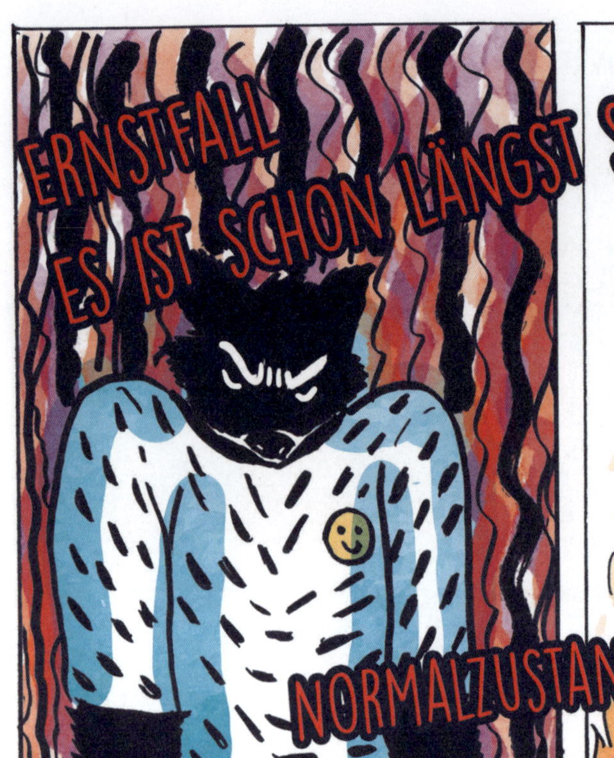
ERNSTFALL
ES IST SCHON LÄNGST SOWEIT

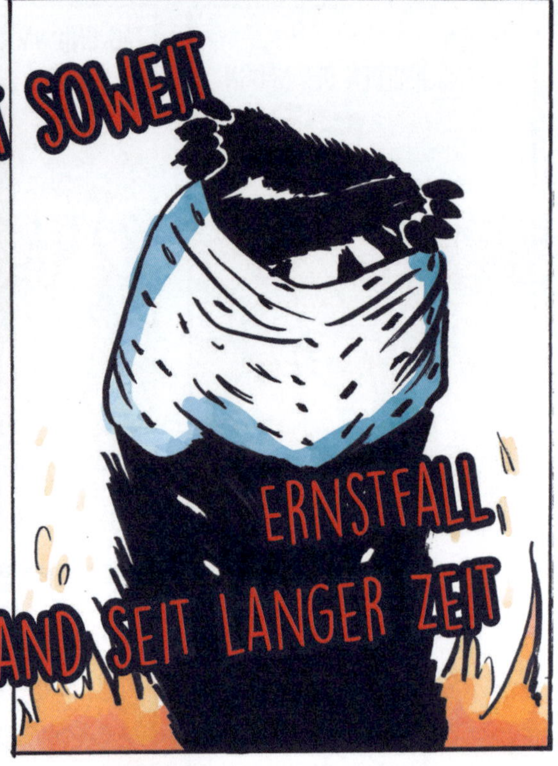
ERNSTFALL
NORMALZUSTAND SEIT LANGER ZEIT

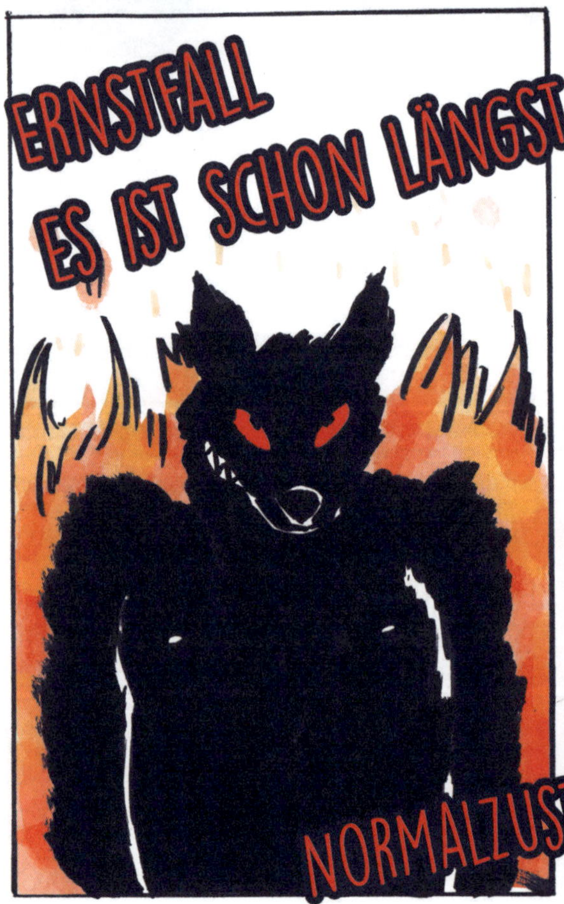
ERNSTFALL
ES IST SCHON LÄNGST SOWEIT

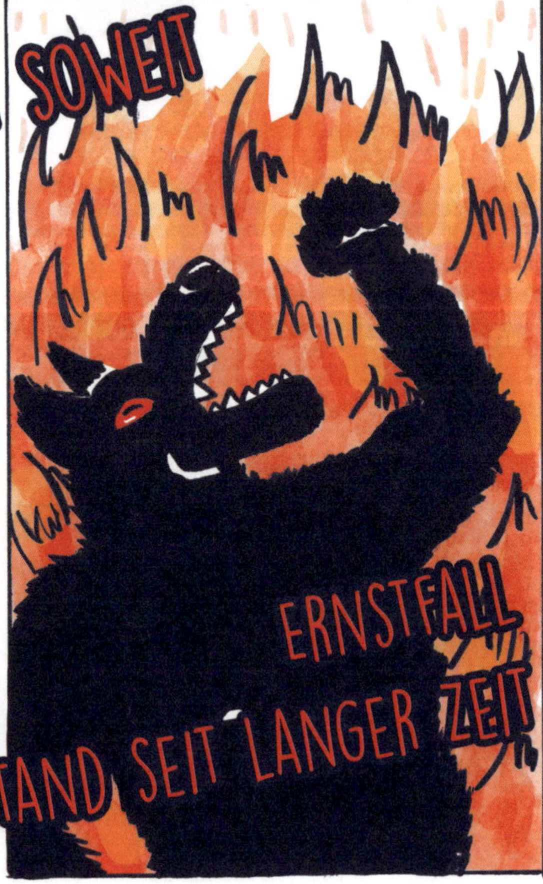
ERNSTFALL
NORMALZUSTAND SEIT LANGER ZEIT

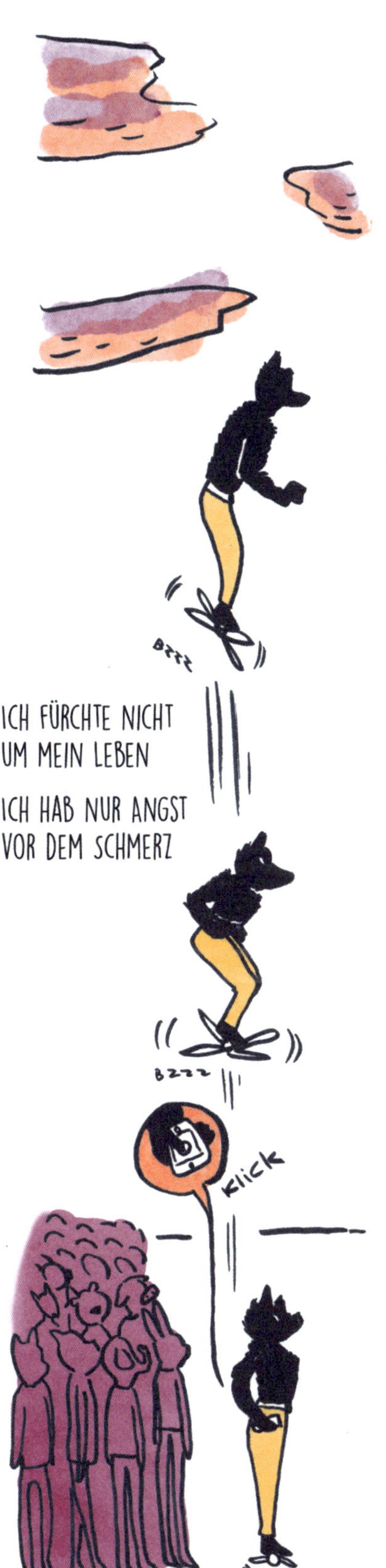
BZZZ
ICH FÜRCHTE NICHT
UM MEIN LEBEN
ICH HAB NUR ANGST
VOR DEM SCHMERZ
BZZZ
KLICK
BZZZ

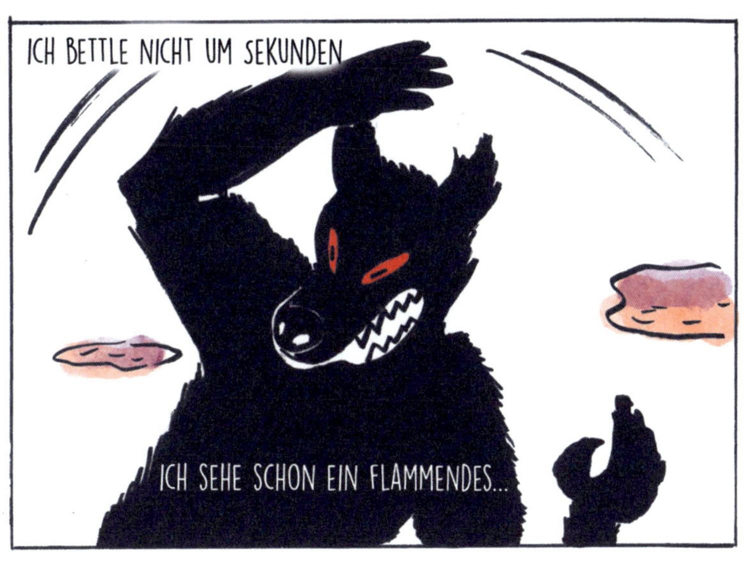
ICH BETTLE NICHT UM SEKUNDEN
ICH SEHE SCHON EIN FLAMMENDES...

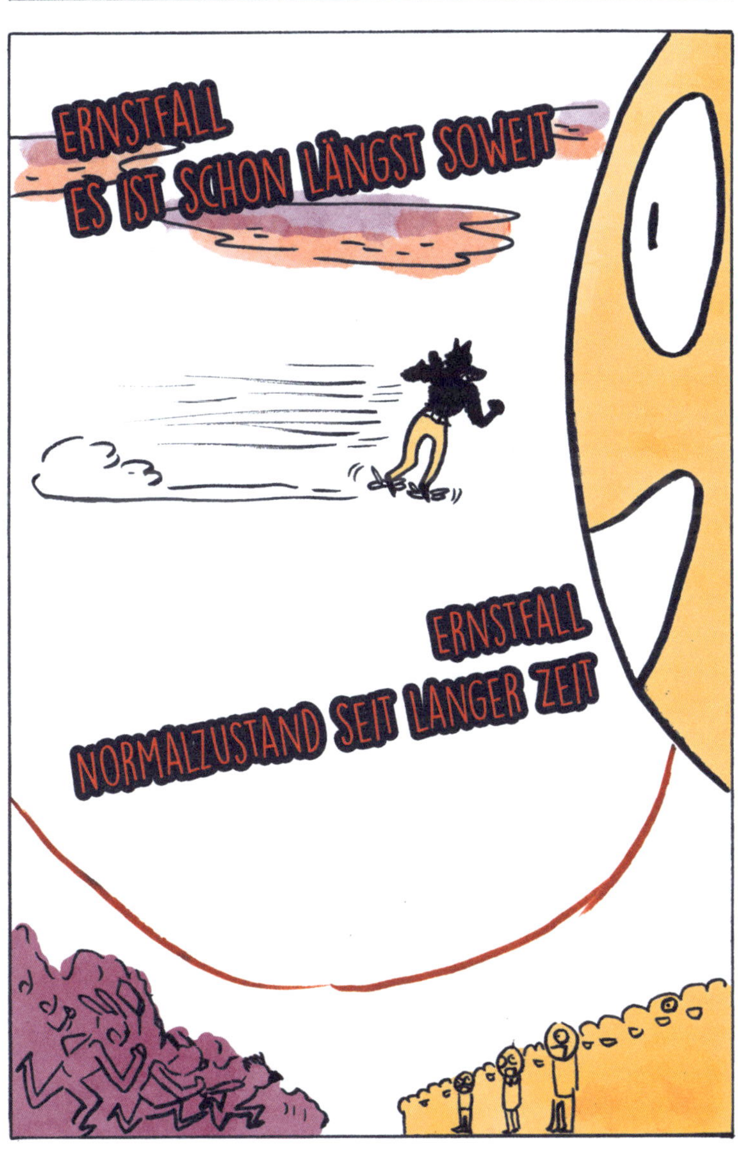
ERNSTFALL
ES IST SCHON LÄNGST SOWEIT
ERNSTFALL
NORMALZUSTAND SEIT LANGER ZEIT

Ein Jahr (Es geht voran)

Ursprünglich mit unglaublich langen Zeilen und vielen Worten, eine alptraumige Schlagerrallye, es musste noch ein Stück gesungen werden, es ging sich aber in der Kürze nicht aus, ganz nett, aber zu viele Buchstaben. Mit vereinten Kräften, Frank und Uwe hauptsächlich, wurde einfach das meiste gestrichen, und trotzdem kann man wahrscheinlich im Zeitungsarchiv '79/'80 einiges wiederfinden an Schlagzeilen. Wenn man will. Und Klammern! Man muss Klammern haben im Titel! Und Titel dürfen nur ab und zu im Stück auftauchen! Und Titel gehen so, wie wir sagen, egal was das Coverartwork macht, oder Volkes Stimme.

Peter Hein

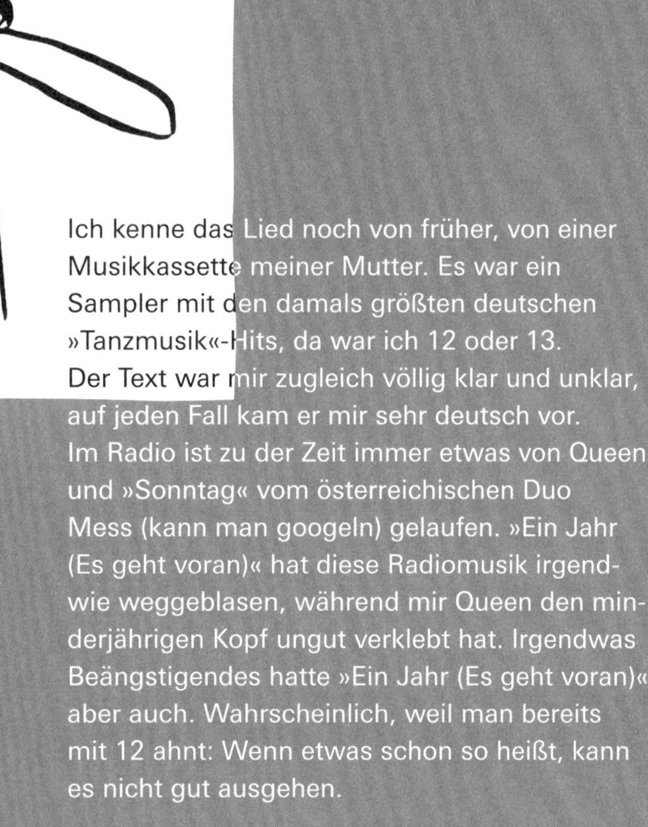

Ich kenne das Lied noch von früher, von einer Musikkassette meiner Mutter. Es war ein Sampler mit den damals größten deutschen »Tanzmusik«-Hits, da war ich 12 oder 13. Der Text war mir zugleich völlig klar und unklar, auf jeden Fall kam er mir sehr deutsch vor. Im Radio ist zu der Zeit immer etwas von Queen und »Sonntag« vom österreichischen Duo Mess (kann man googeln) gelaufen. »Ein Jahr (Es geht voran)« hat diese Radiomusik irgendwie weggeblasen, während mir Queen den minderjährigen Kopf ungut verklebt hat. Irgendwas Beängstigendes hatte »Ein Jahr (Es geht voran)« aber auch. Wahrscheinlich, weil man bereits mit 12 ahnt: Wenn etwas schon so heißt, kann es nicht gut ausgehen.

Nicolas Mahler

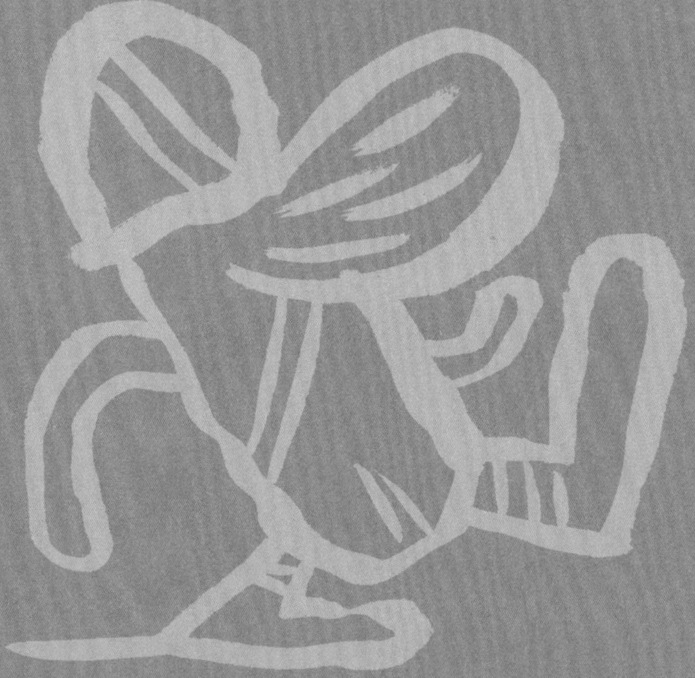

Nicolas Mahler

Ein Jahr (Es geht voran)

keine
atempause

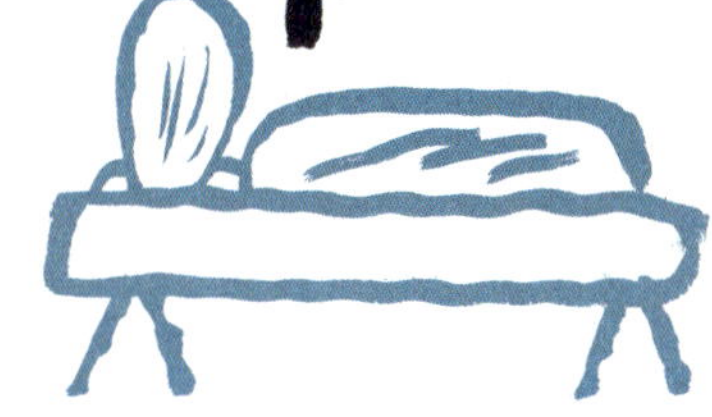

geschichte
wird
gemacht

es geht voran

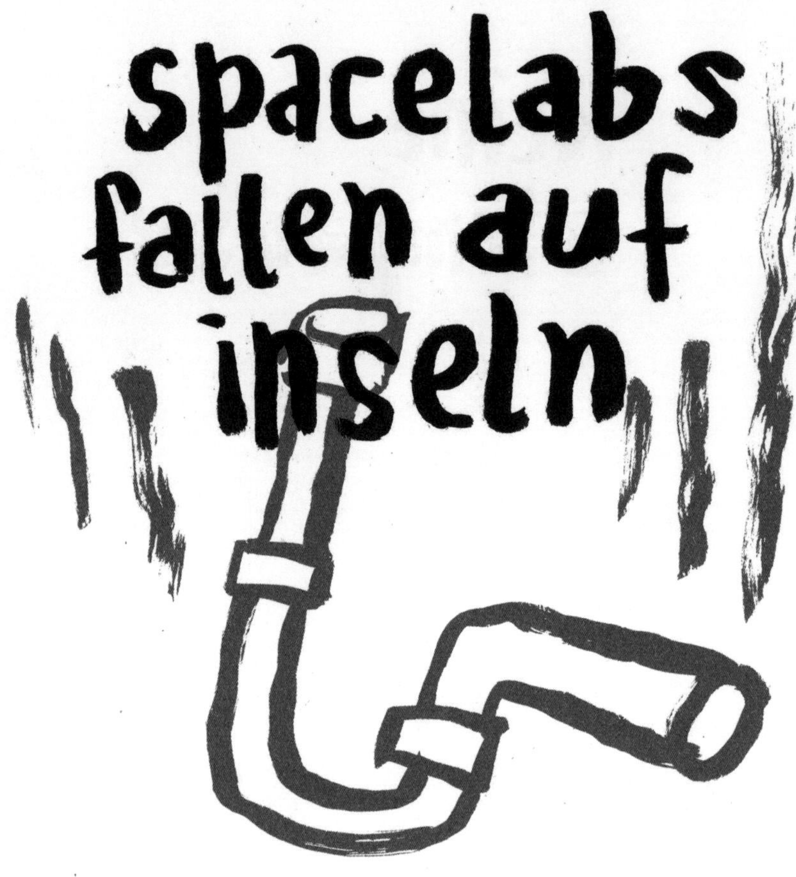

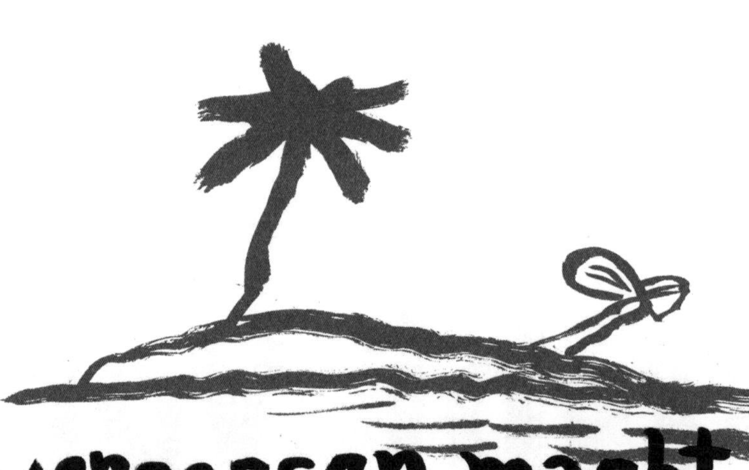

vergessen macht sich breit

es geht voran

2x

berge
explodieren

schuld
hat
der präsident

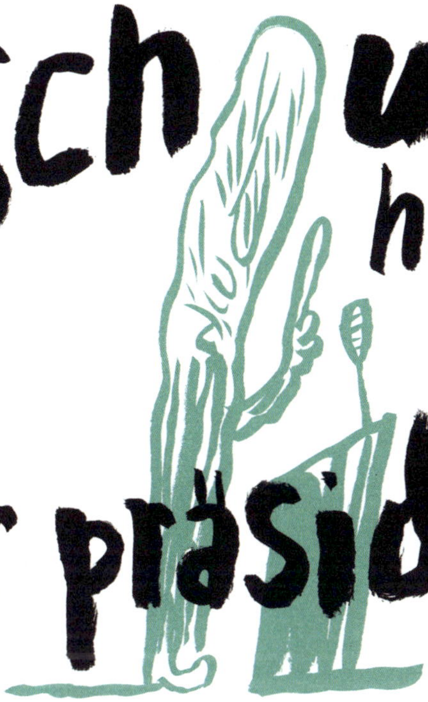

es geht voran

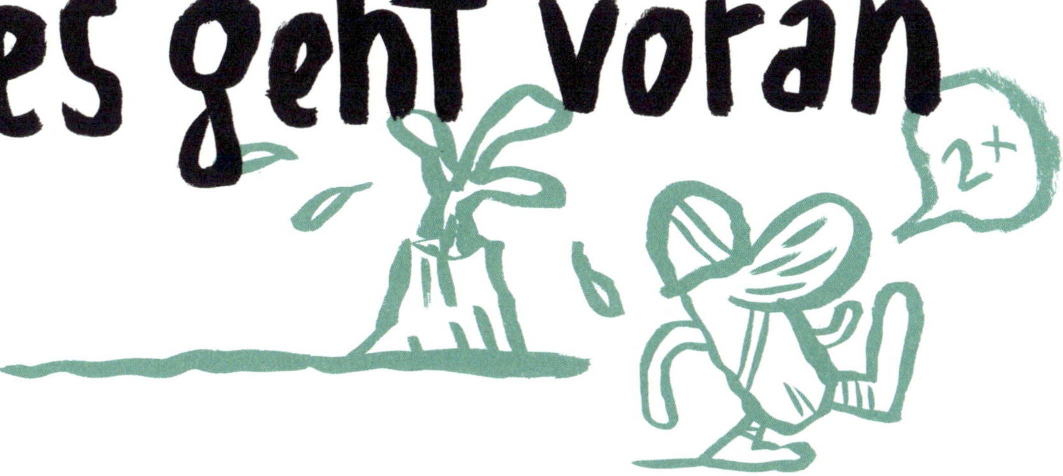

2x

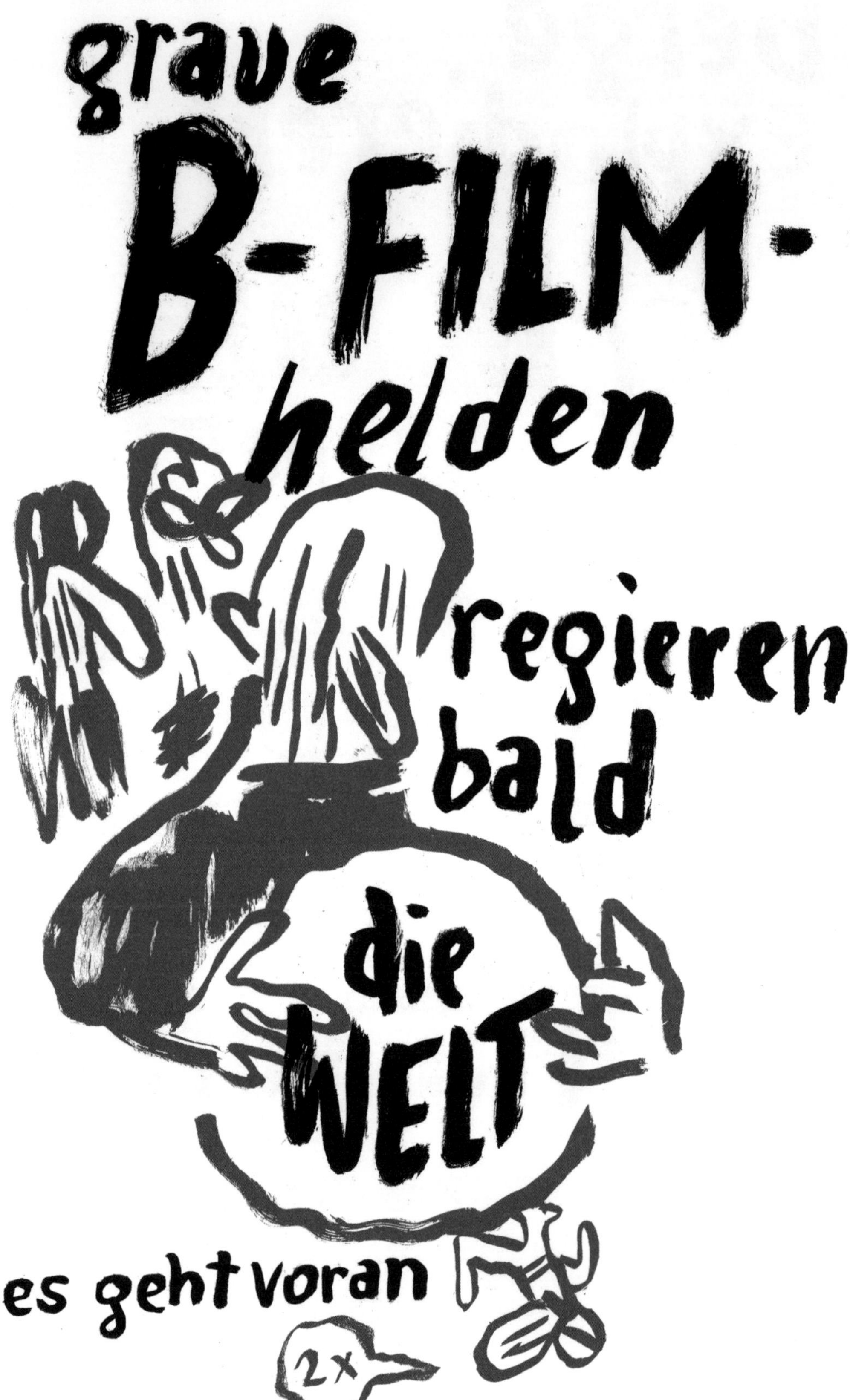

grave

B-FILM-

helden

regieren

bald

die

WELT

es geht voran

2x

es

geht

voran

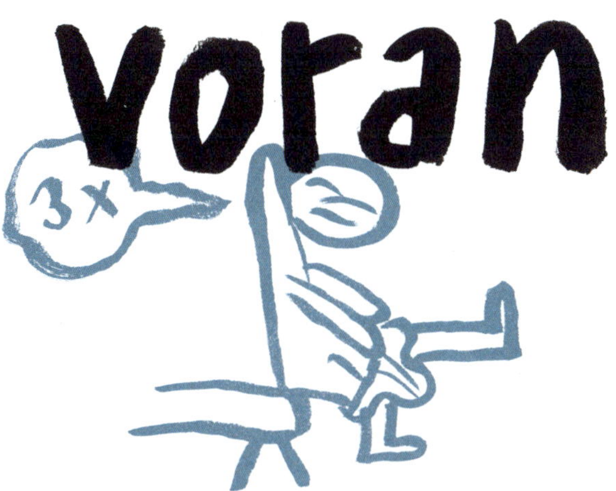

mahler

Als dieser Song entstand, herrschte Paranoia in der Altstadt, eine aggressive Grundstimmung bestimmte die Nächte. Auch die Altstadtwache trug einiges dazu bei, neben Fußball-Hooligans, Rockern und betrunkenen Touristen. In dieser Situation entstand der Text, aber gespielt wurde der Song von uns praktisch nie. Erst auf der Reunion-Tour, als wir »Monarchie und Alltag« komplett spielten, wurde er wieder ausgegraben. Und er hat Mordsspaß gemacht. Da haben wir all die Jahre einiges verpasst.

Thomas Schwebel

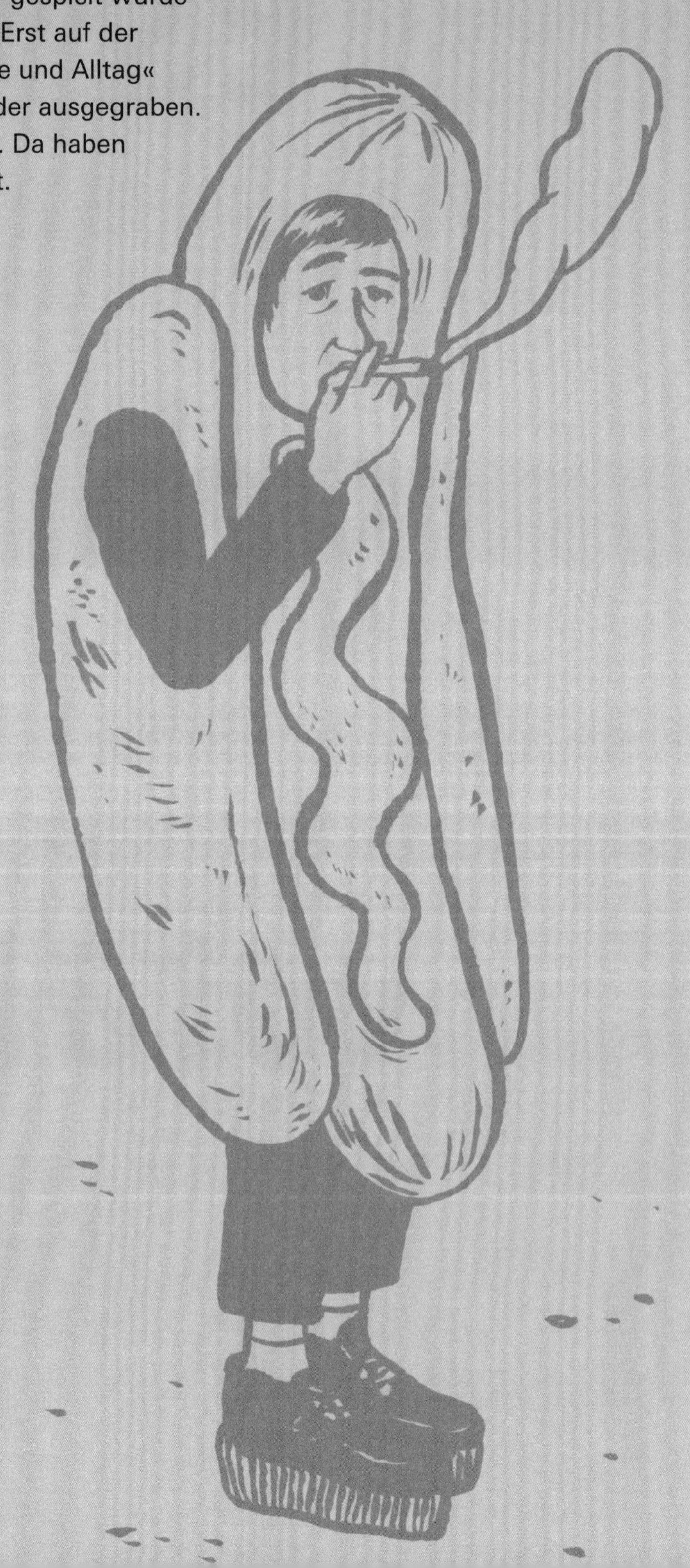

Angst

Das Mysteriöse an guter Musik ist, dass sie Jahrzehnte überdauert, obwohl sie einen ganz spezifischen Moment festhält. »Angst« klingt 2022 vermutlich immer noch nach dem gleichen Wahnsinn wie 1980, der heute nur ein bisschen anders aussieht. Vielleicht hat die Paranoia, die ich kenne, mehr Internet und weniger Saxophon, aber komisch, hysterisch und mitreißend ist sie immer noch.

Tine Fetz

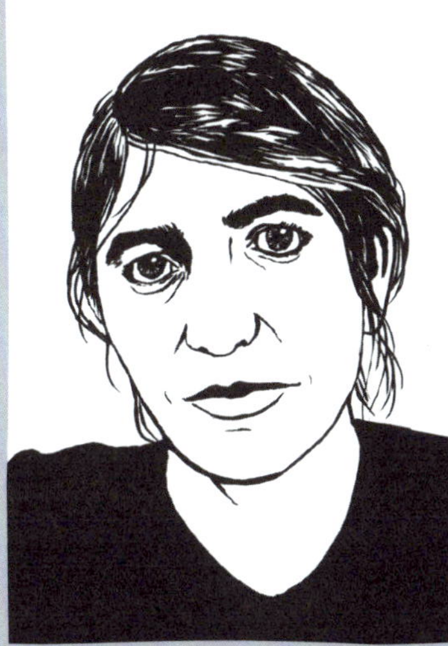

Tine Fetz

Angst

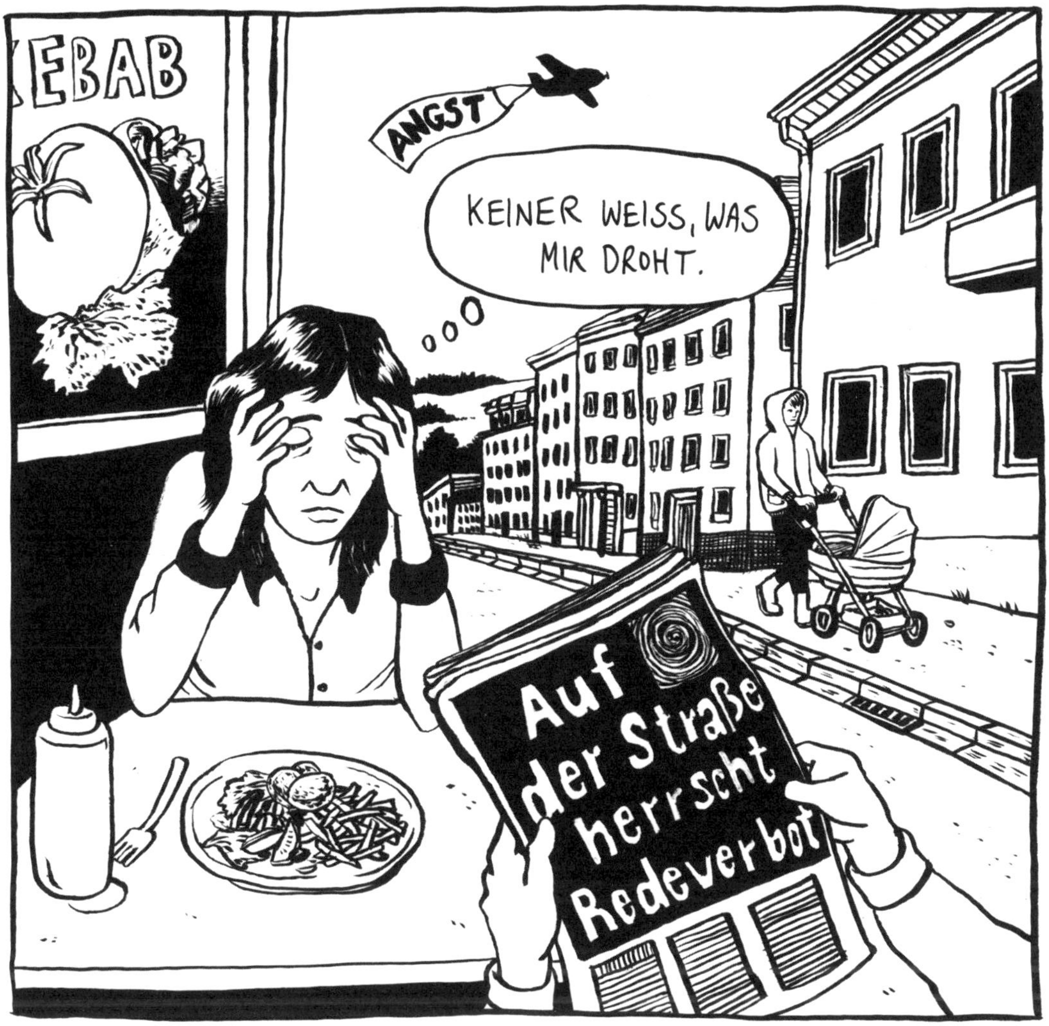

EBAB
ANGST
KEINER WEISS, WAS MIR DROHT.
Auf der Straße herrscht Redeverbot

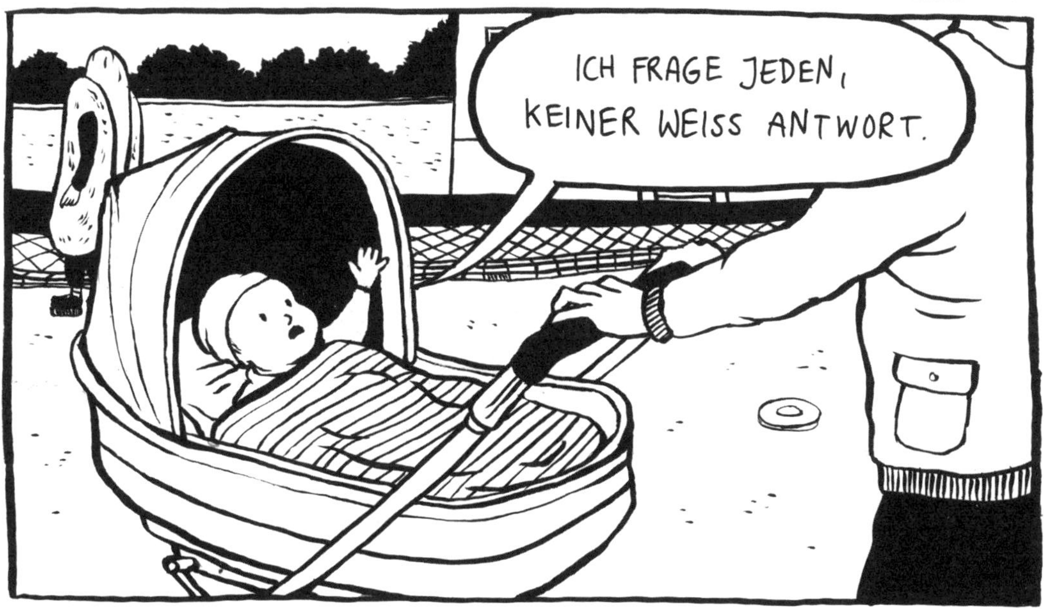

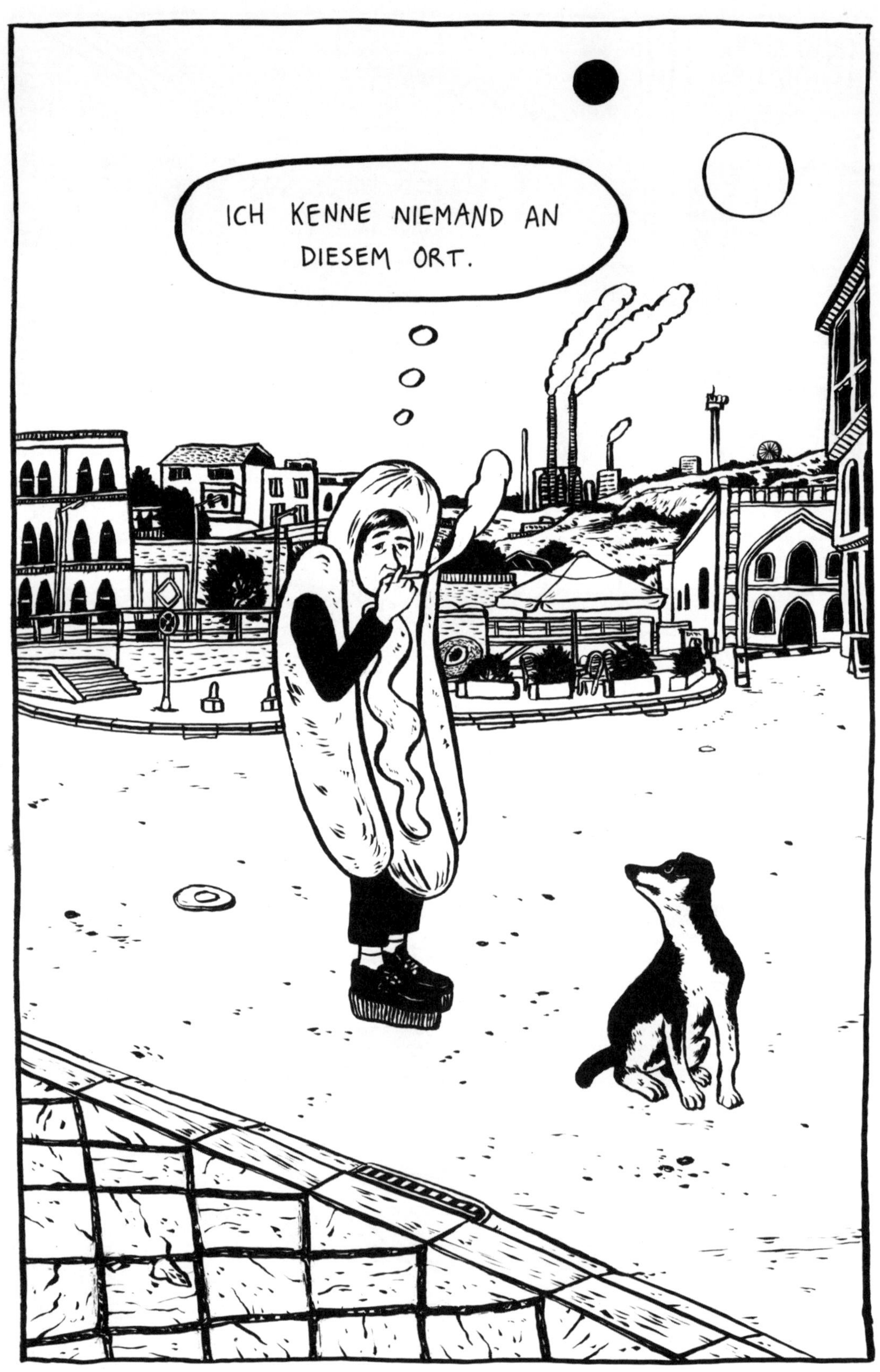
ICH KENNE NIEMAND AN DIESEM ORT.

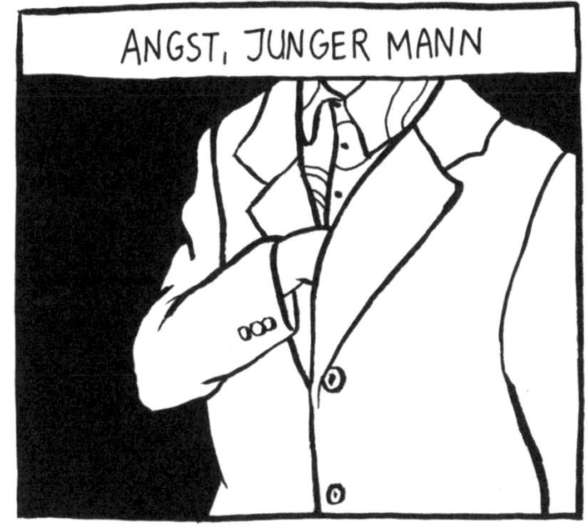
ANGST, JUNGER MANN
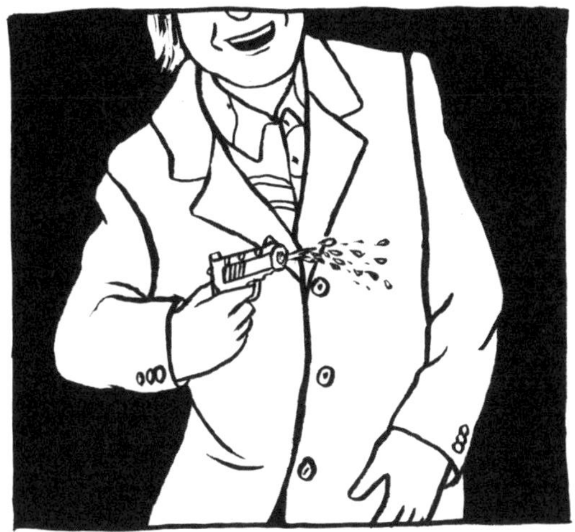
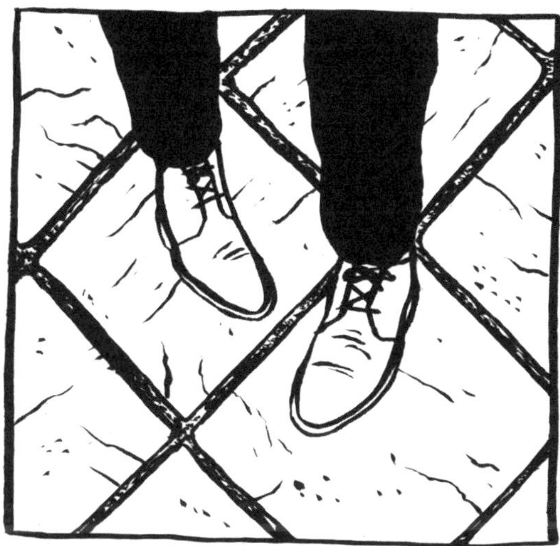
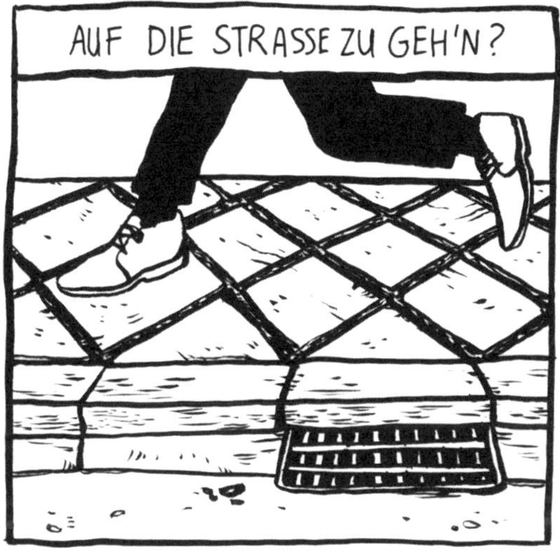
AUF DIE STRASSE ZU GEH'N?
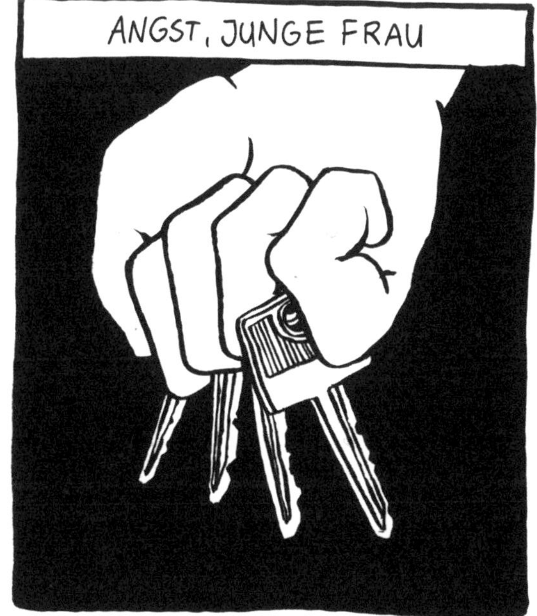
ANGST, JUNGE FRAU
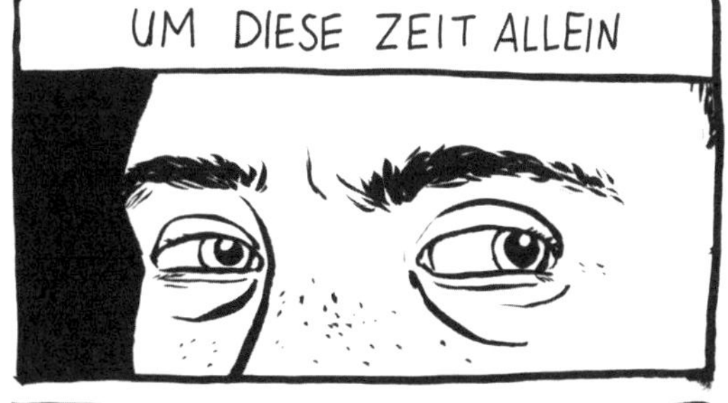
UM DIESE ZEIT ALLEIN
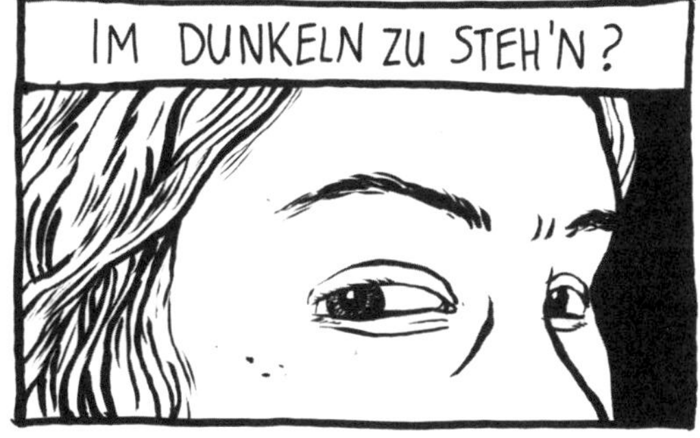
IM DUNKELN ZU STEH'N?

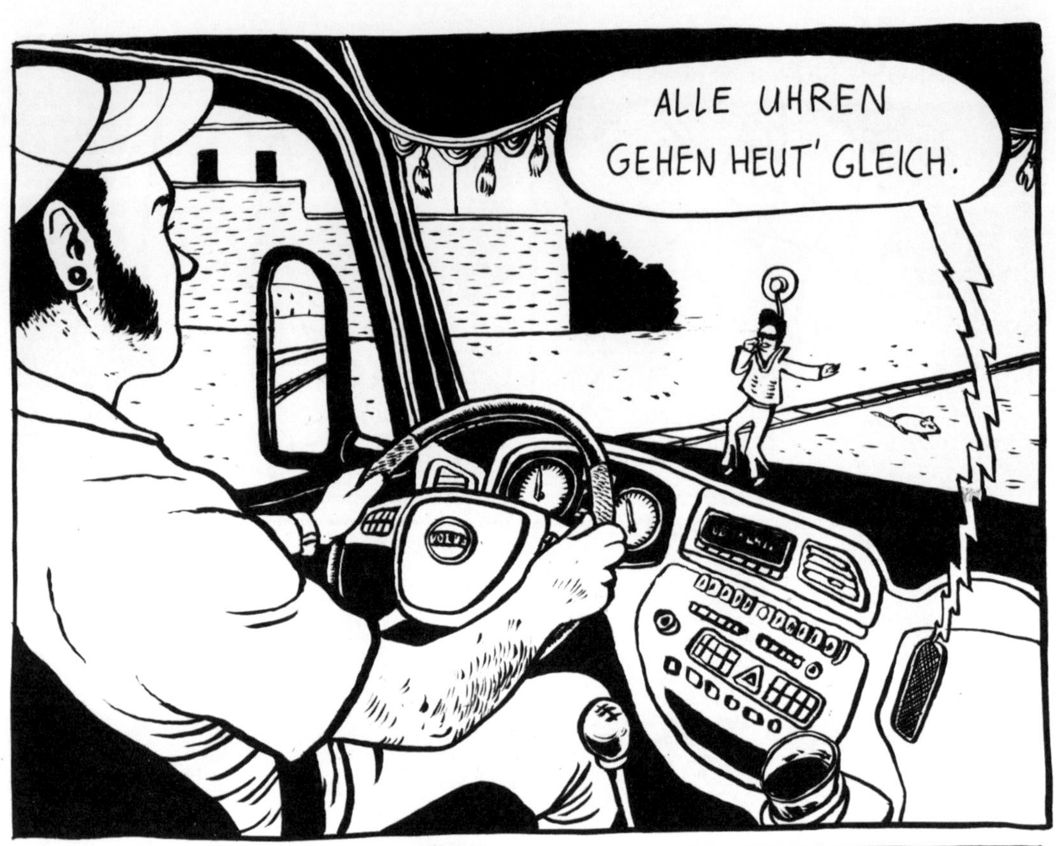
ALLE UHREN GEHEN HEUT' GLEICH.

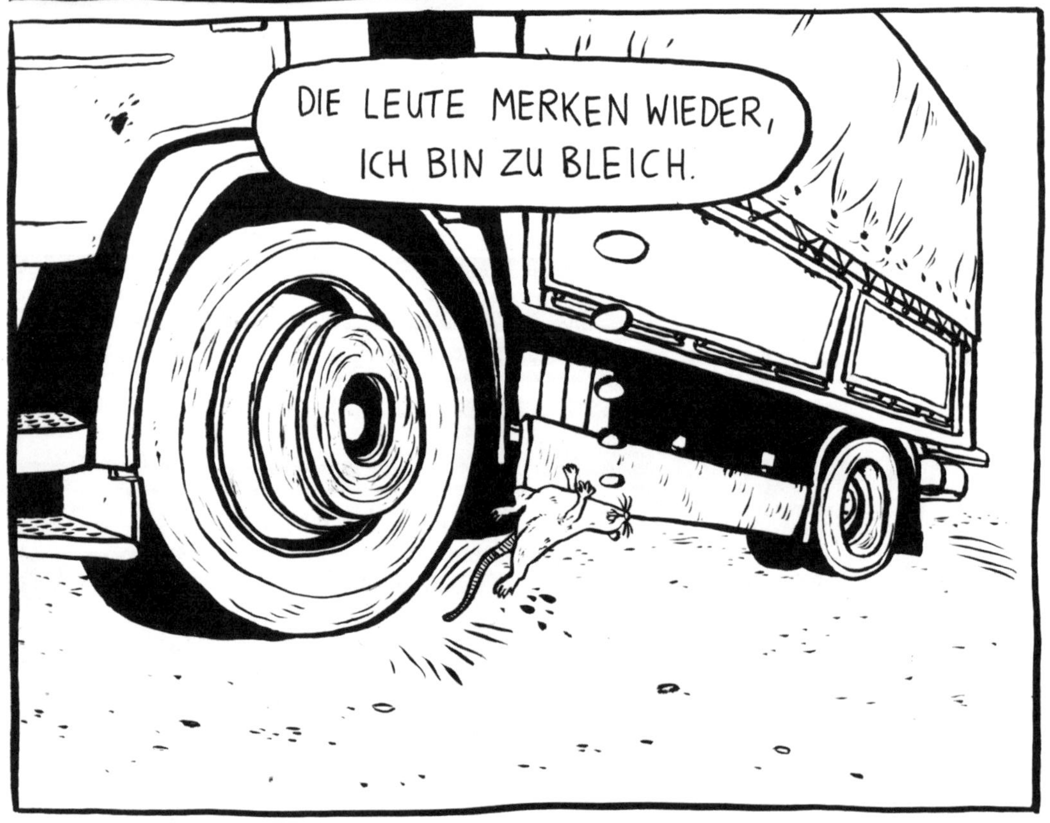
DIE LEUTE MERKEN WIEDER, ICH BIN ZU BLEICH.

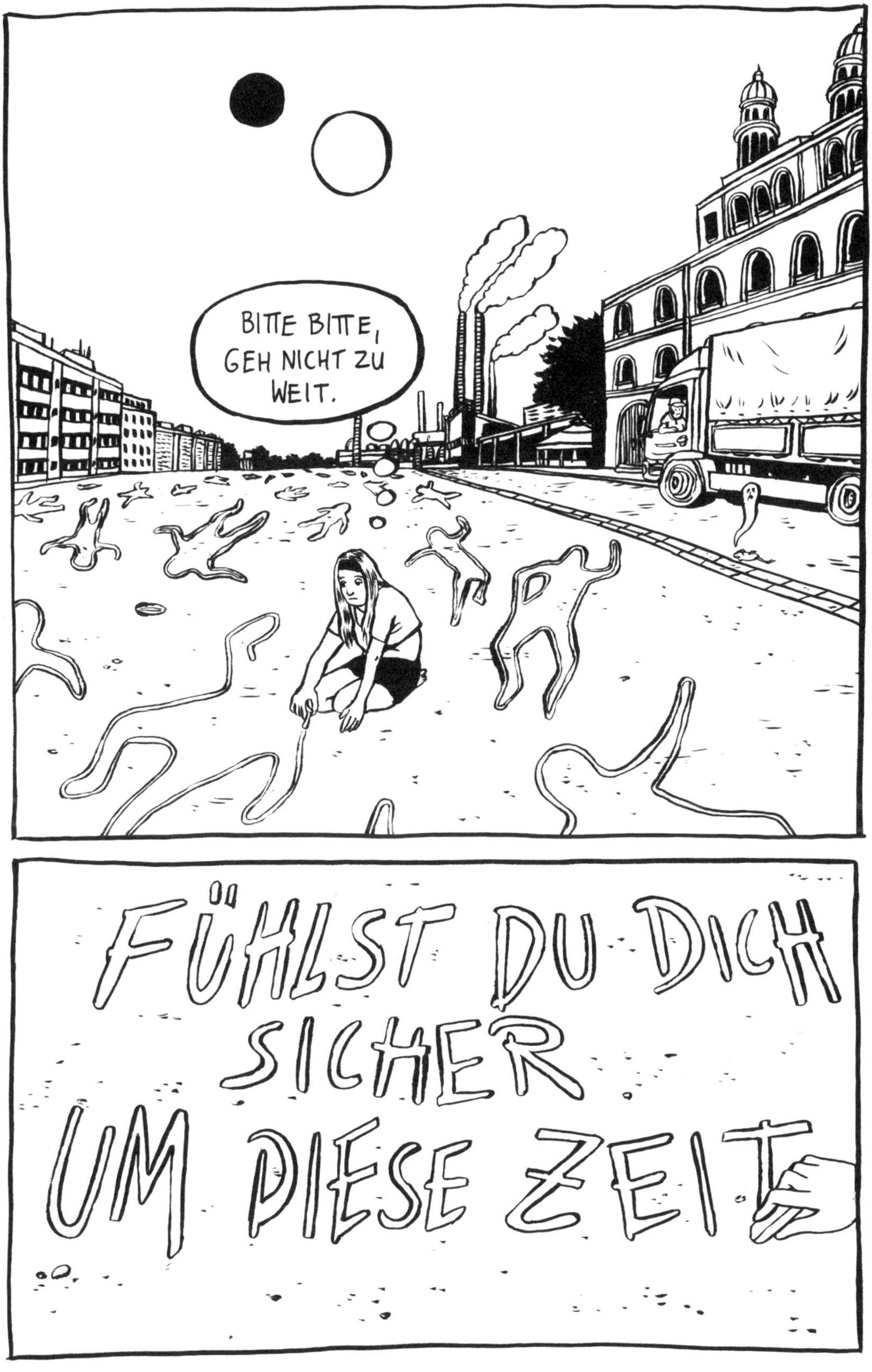

BITTE BITTE, GEH NICHT ZU WEIT.

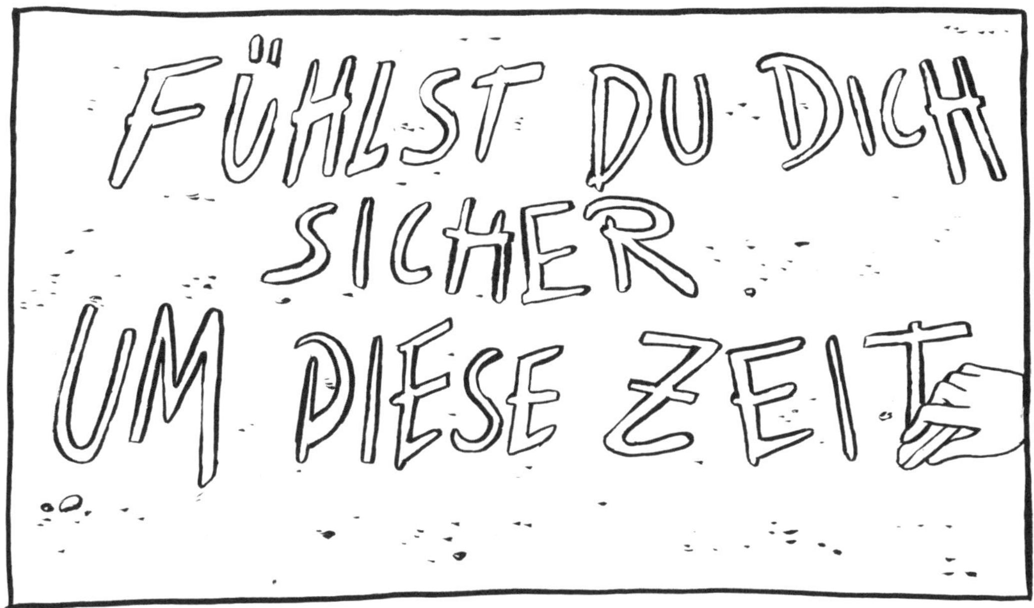
FÜHLST DU DICH
SICHER
UM DIESE ZEIT

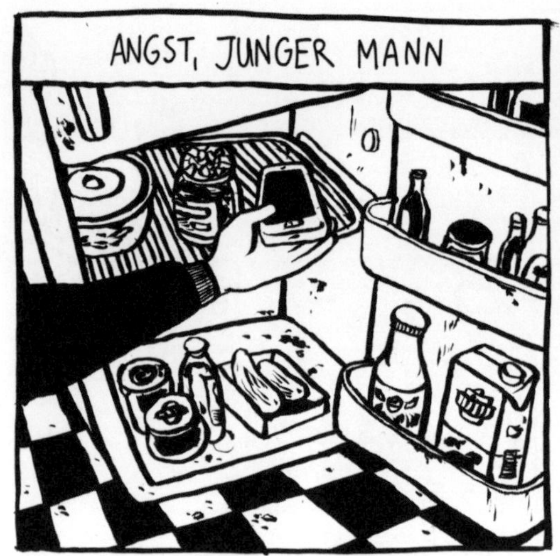
ANGST, JUNGER MANN

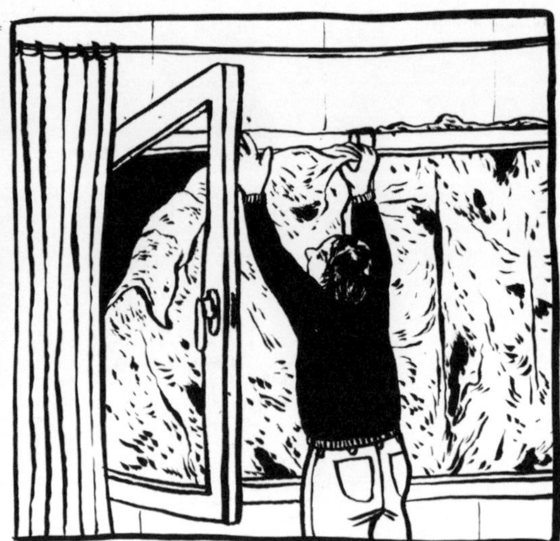

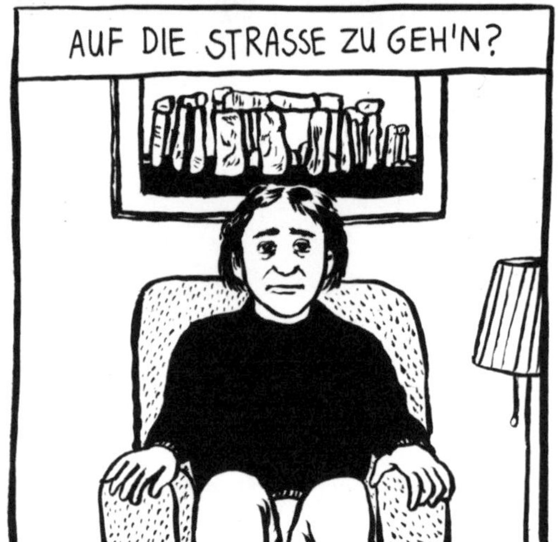
AUF DIE STRASSE ZU GEH'N?

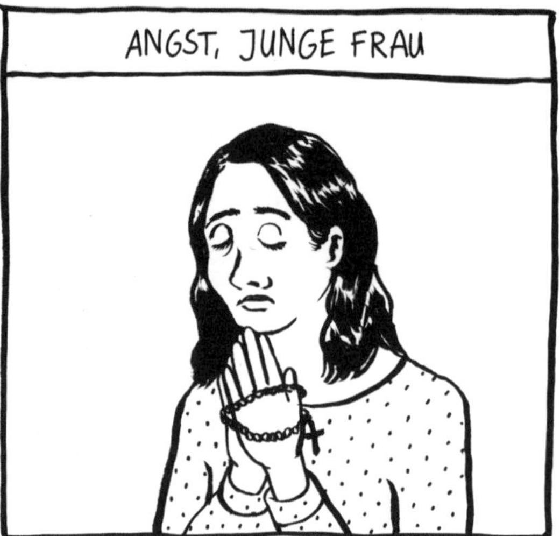
ANGST, JUNGE FRAU

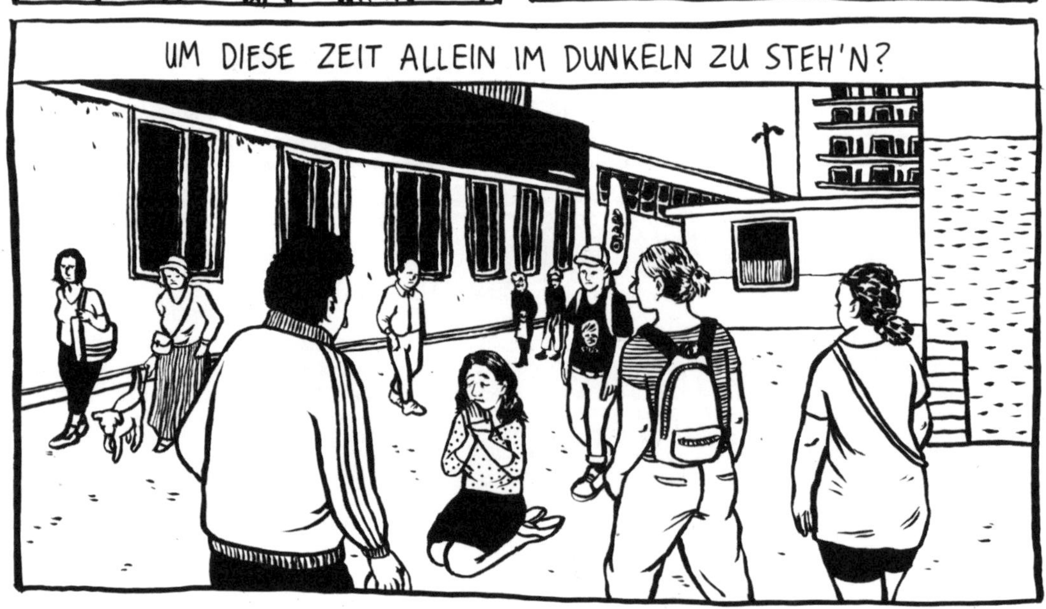
UM DIESE ZEIT ALLEIN IM DUNKELN ZU STEH'N?

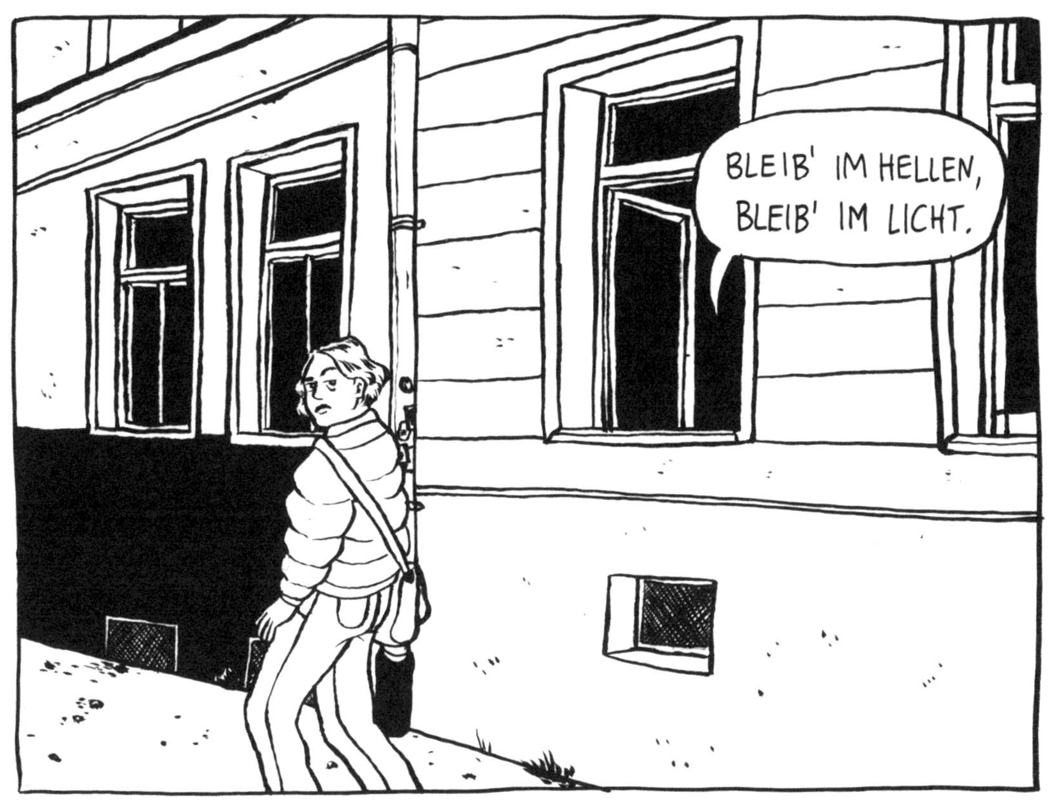
BLEIB' IM HELLEN,
BLEIB' IM LICHT.

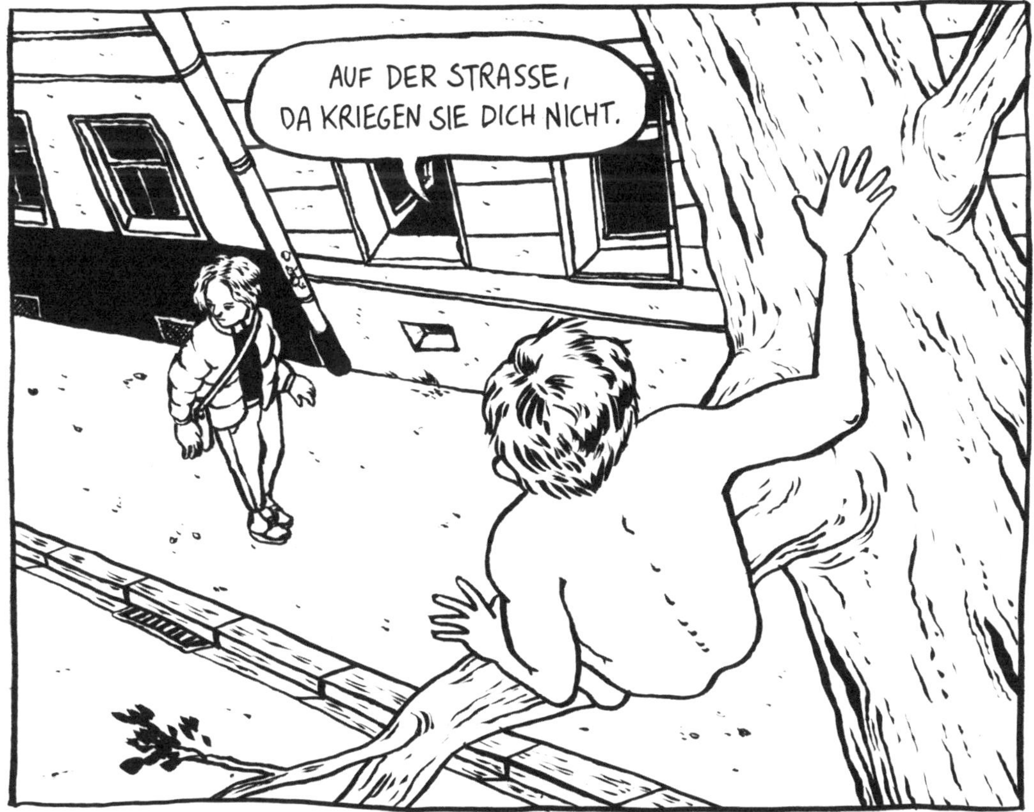
AUF DER STRASSE,
DA KRIEGEN SIE DICH NICHT.

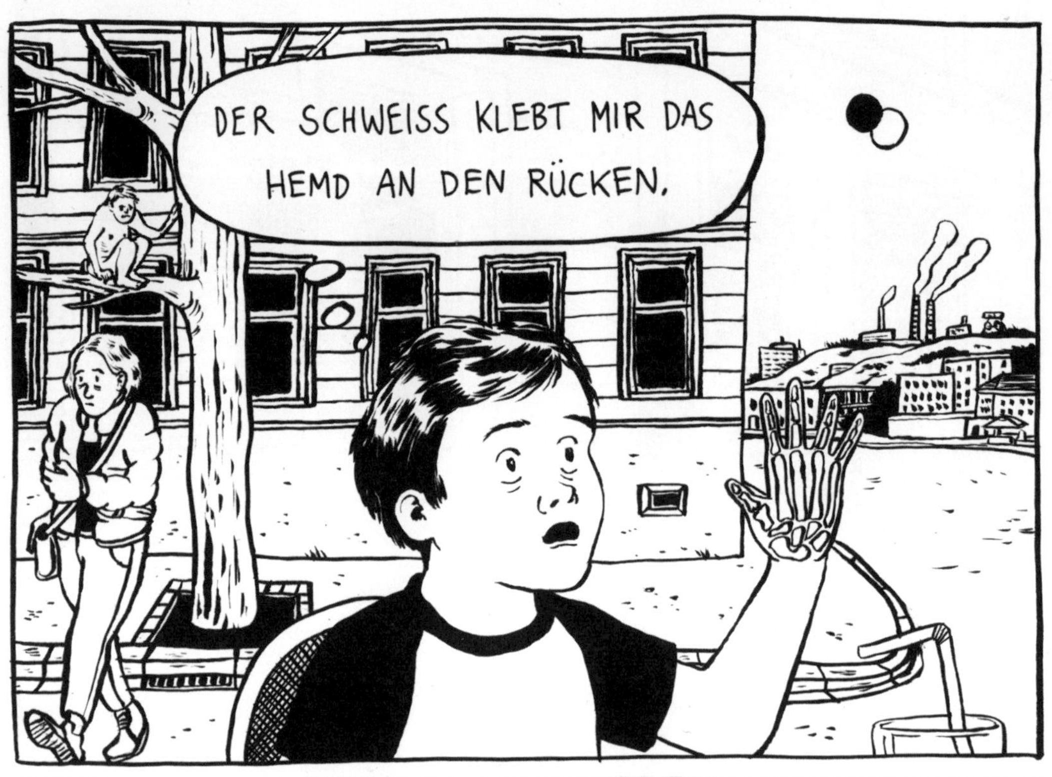

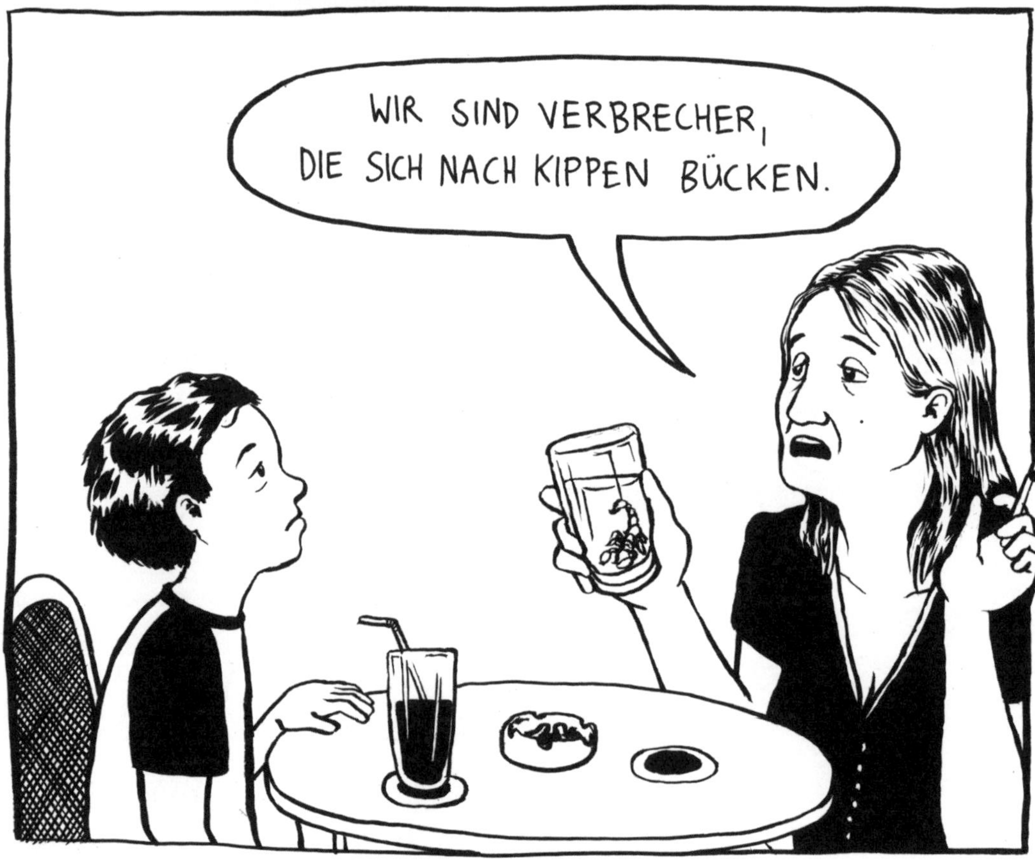

WIR SIND VERBRECHER,
DIE SICH NACH KIPPEN BÜCKEN.

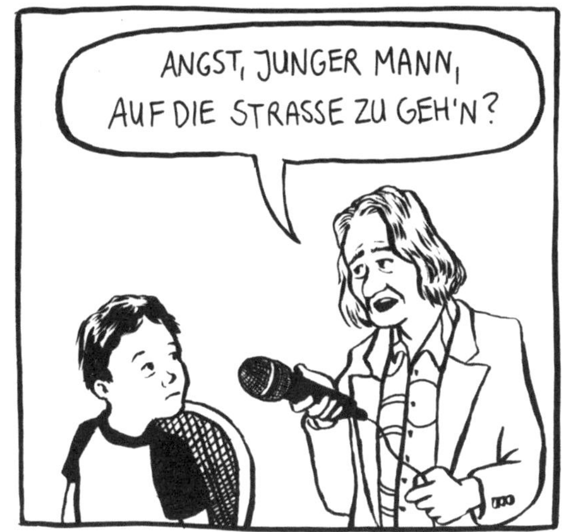
ANGST, JUNGER MANN, AUF DIE STRASSE ZU GEH'N?

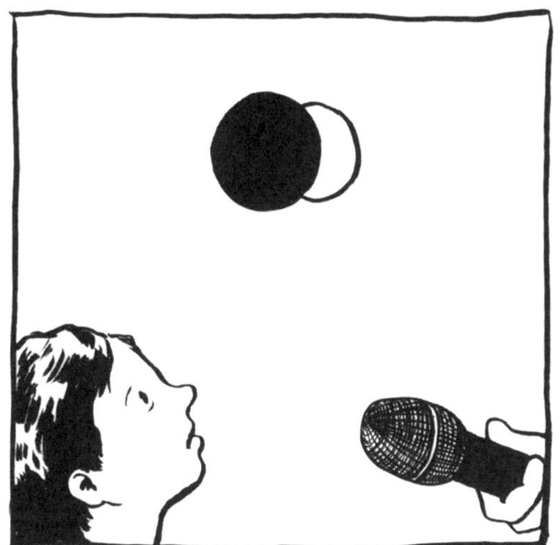

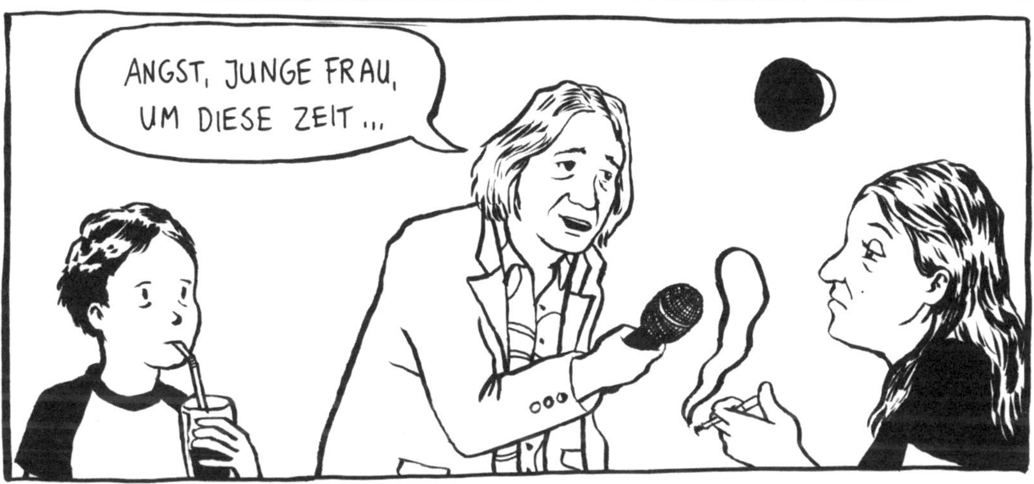
ANGST, JUNGE FRAU, UM DIESE ZEIT ...

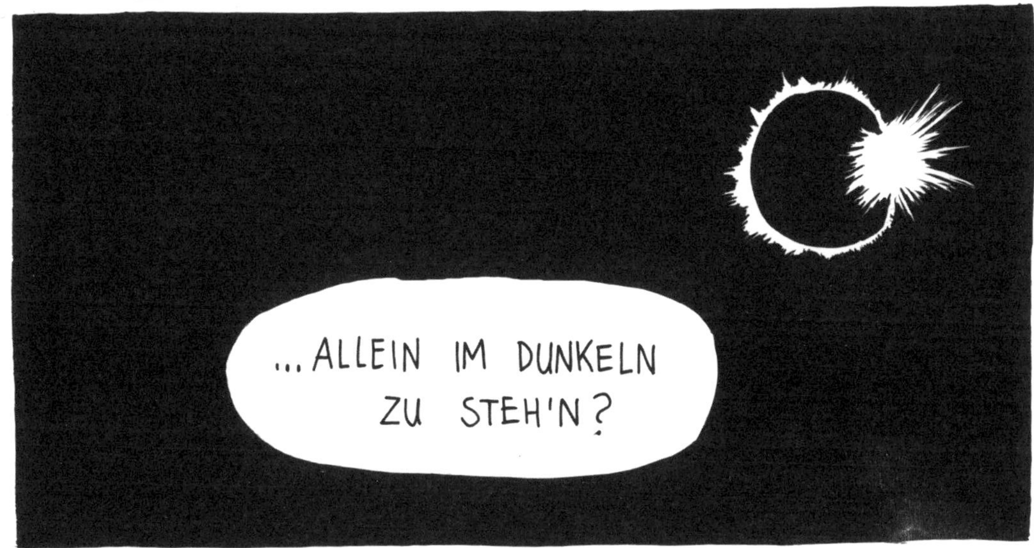
... ALLEIN IM DUNKELN ZU STEH'N?

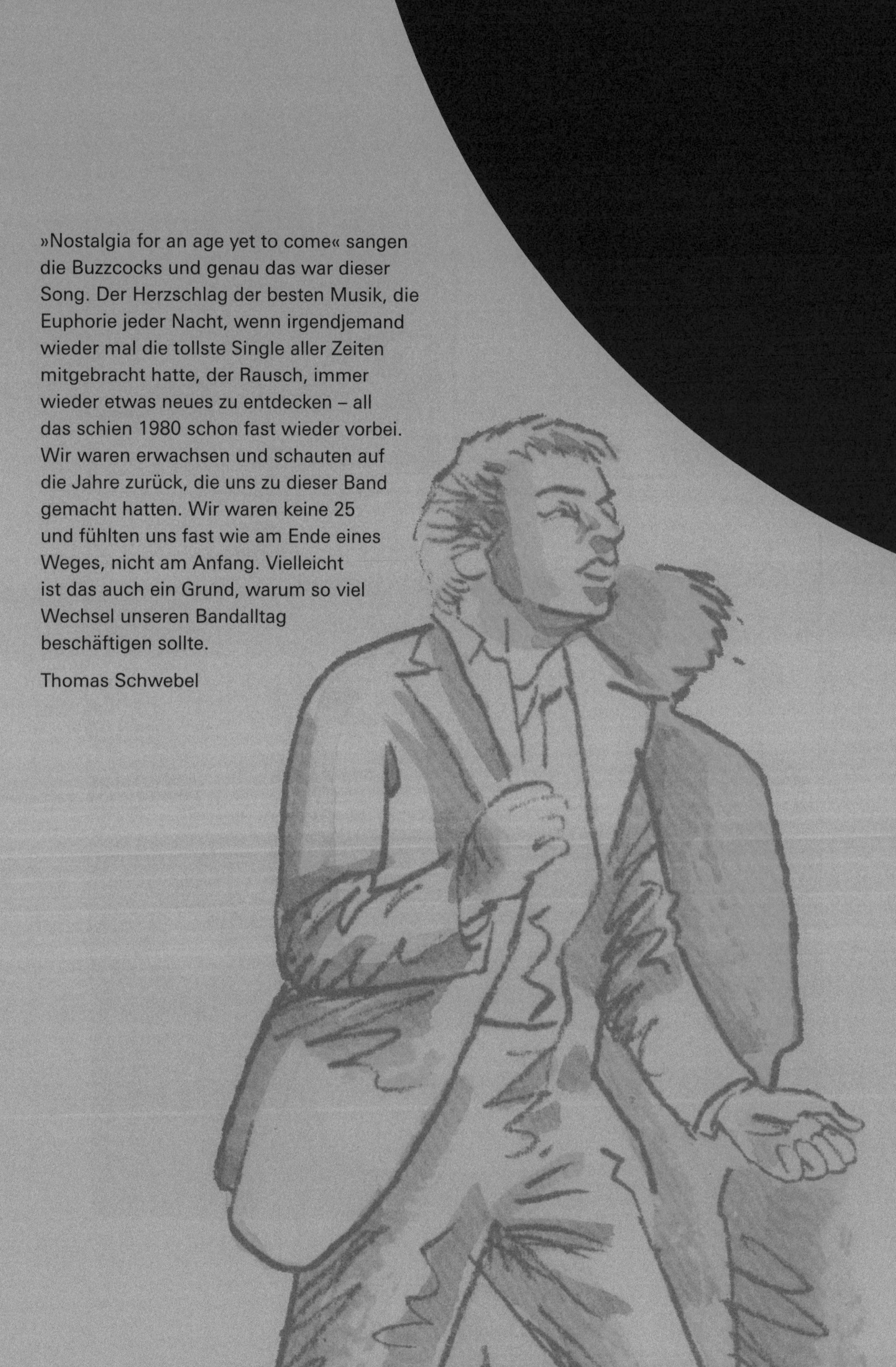

»Nostalgia for an age yet to come« sangen die Buzzcocks und genau das war dieser Song. Der Herzschlag der besten Musik, die Euphorie jeder Nacht, wenn irgendjemand wieder mal die tollste Single aller Zeiten mitgebracht hatte, der Rausch, immer wieder etwas neues zu entdecken – all das schien 1980 schon fast wieder vorbei. Wir waren erwachsen und schauten auf die Jahre zurück, die uns zu dieser Band gemacht hatten. Wir waren keine 25 und fühlten uns fast wie am Ende eines Weges, nicht am Anfang. Vielleicht ist das auch ein Grund, warum so viel Wechsel unseren Bandalltag beschäftigen sollte.

Thomas Schwebel

Das war vor Jahren

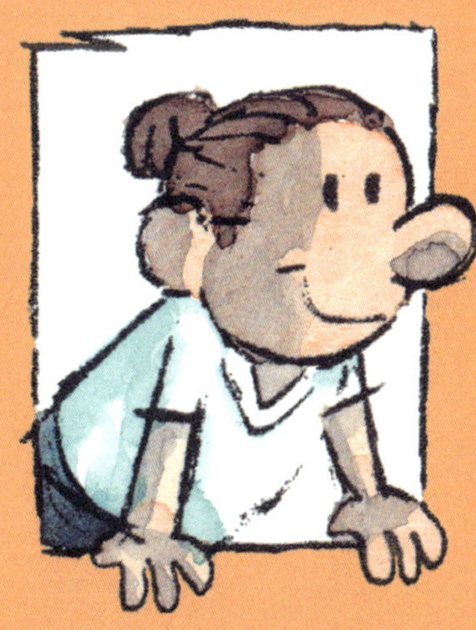

Fehlfarben habe ich nur einmal gesehen, im Sommer 1984, kurz bevor sie sich auflösten. Im Roschinsky's, einer Dorfdisco bei Buxtehude. Dort gab es lauter Strandkörbe, echten Sand und es war taghell. Die Band hatte auf poppigen Funk umgestellt, aber ich und ein Freund slamdancten trotzdem sinnlos vor der Bühne rum. Irgendwie spürten wir natürlich, dass es vorbei war. Aber was sollten wir machen? Wir hatten die erste Punk-Welle verpasst. Darum geht es für mich auch in »Das war vor Jahren«. Die Sache ist schon gelaufen, aber wir machen trotzdem weiter.

Andreas Michalke

Andreas Michalke

Das war vor Jahren

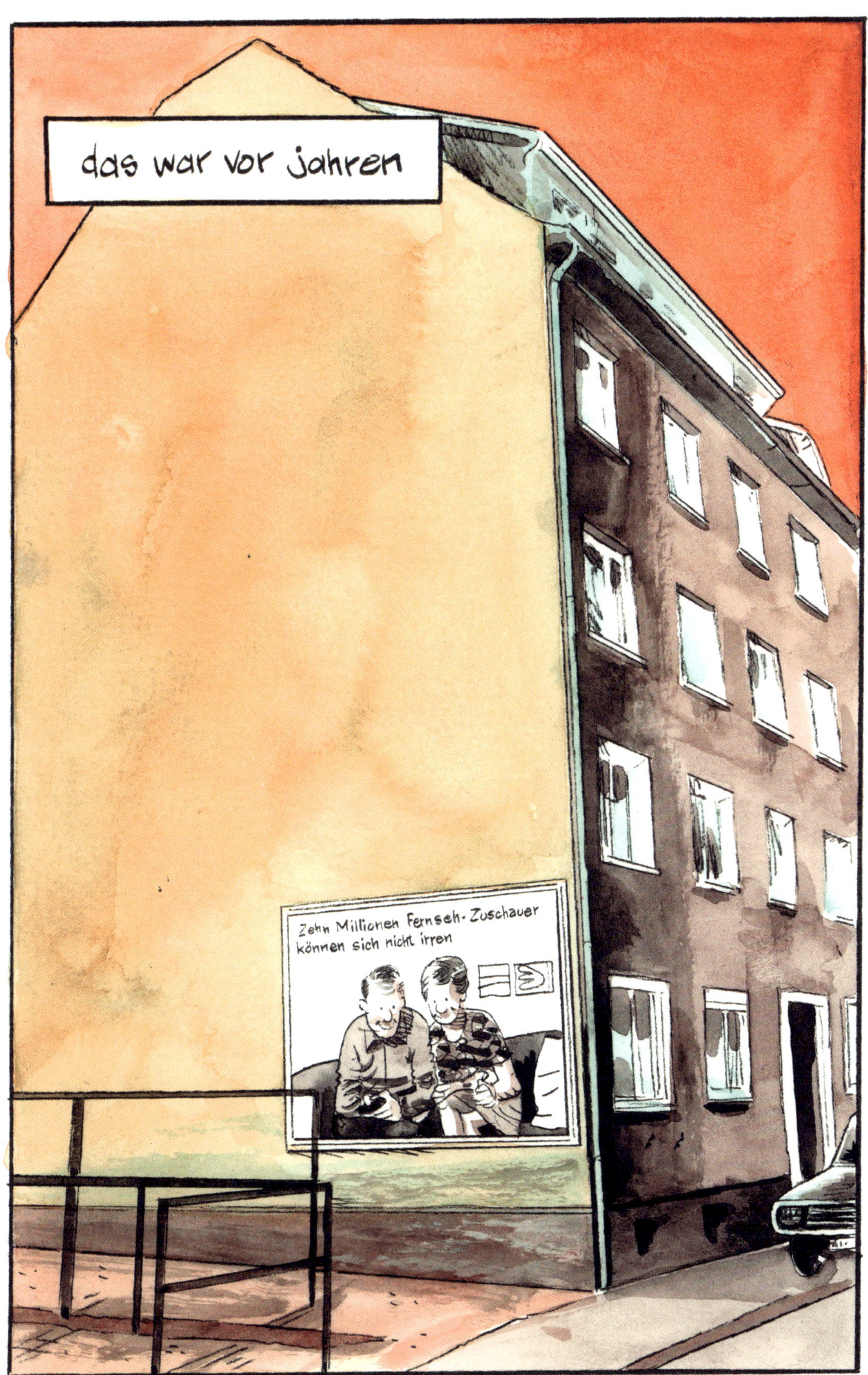
das war vor jahren
Zehn Millionen Fernseh-Zuschauer
können sich nicht irren

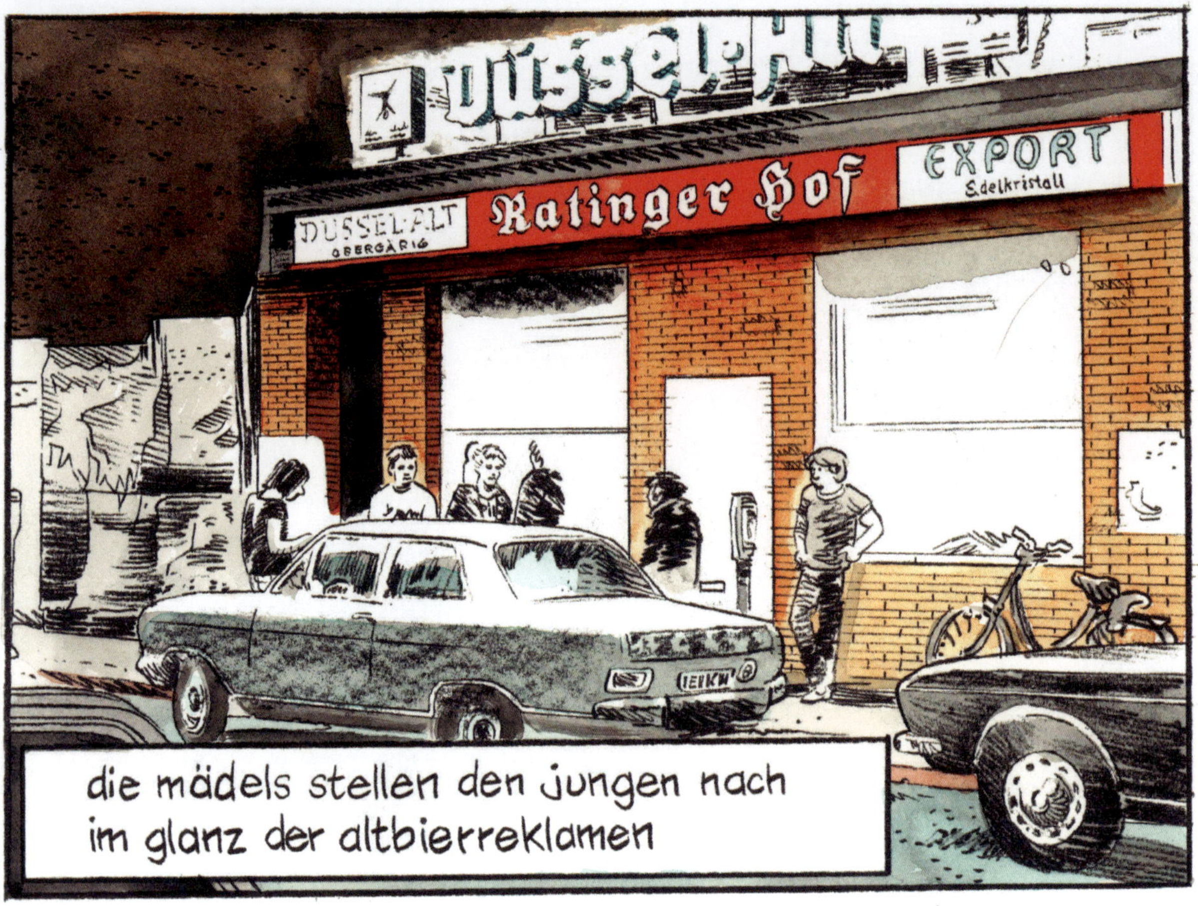

die mädels stellen den jungen nach
im glanz der altbierreklamen

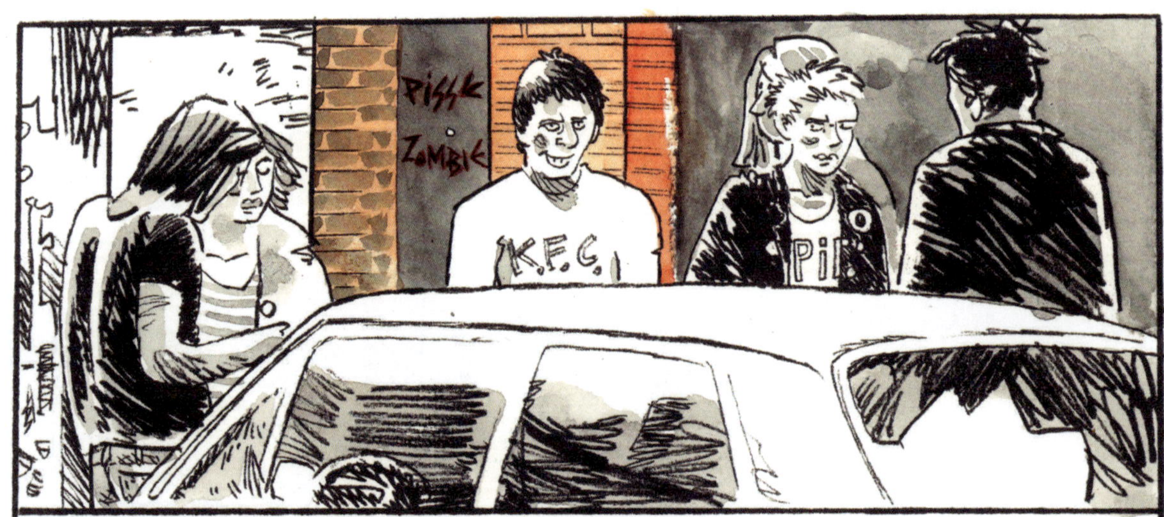

du siehst dich so, wie du willst
du hörst nur noch auf den neuen namen

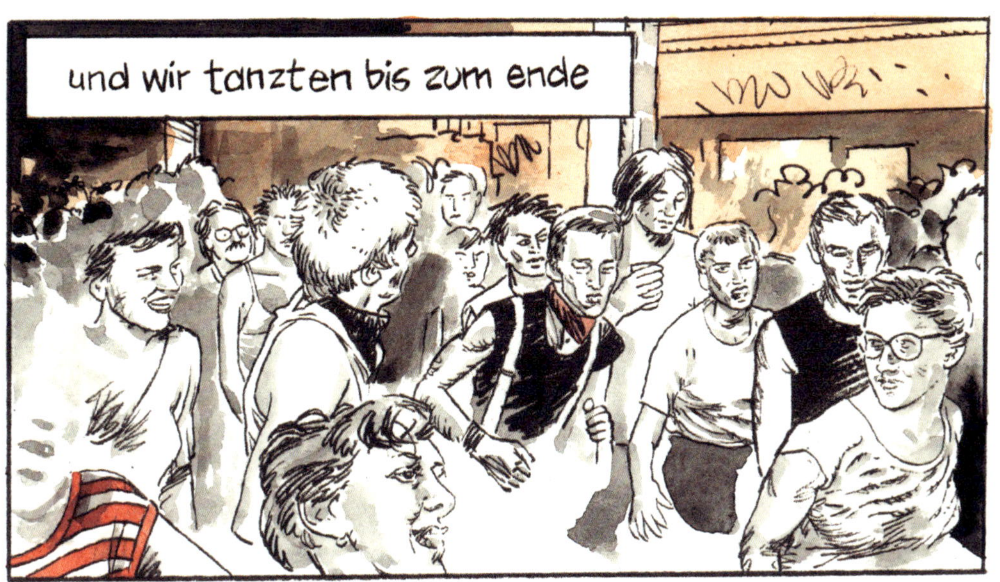
und wir tanzten bis zum ende

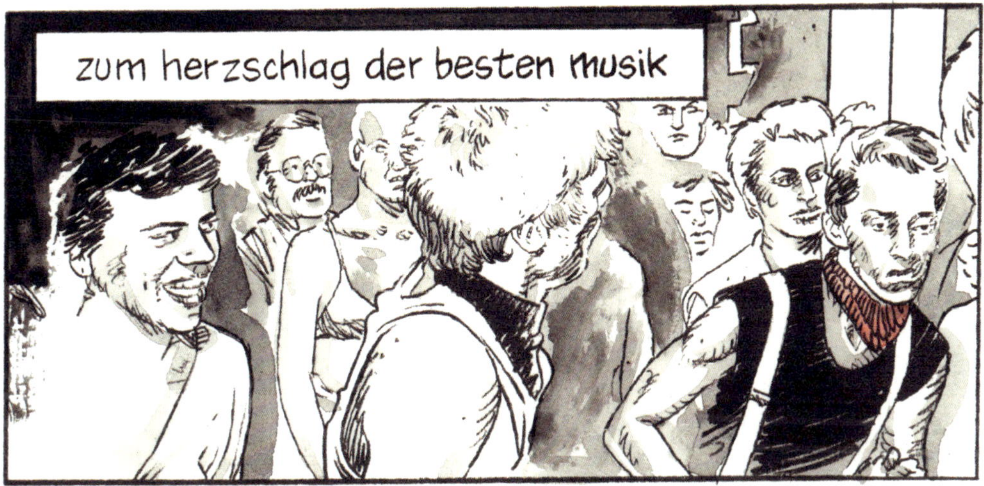
zum herzschlag der besten musik

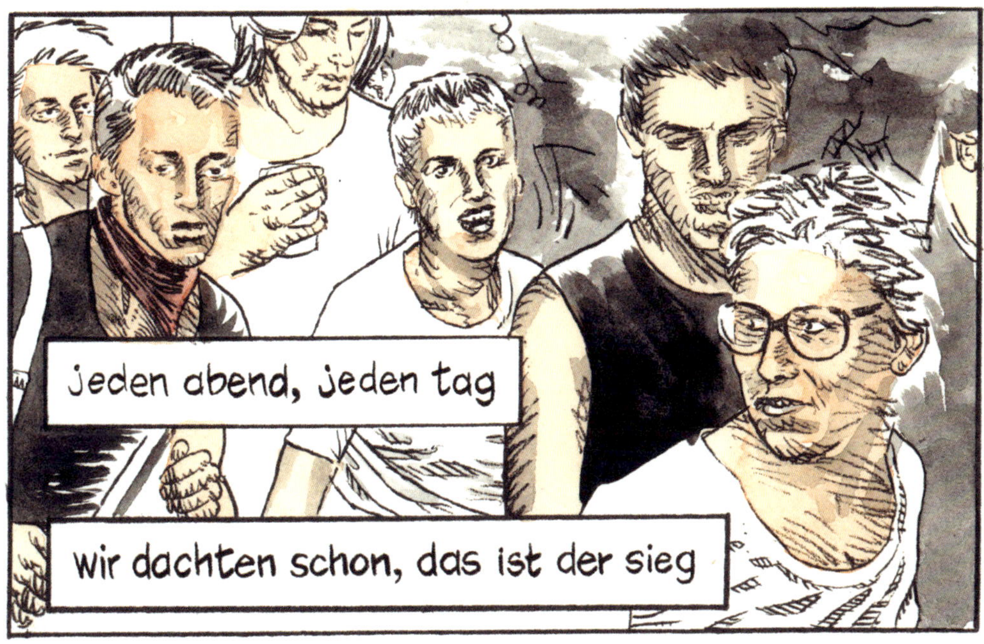
jeden abend, jeden tag
wir dachten schon, das ist der sieg

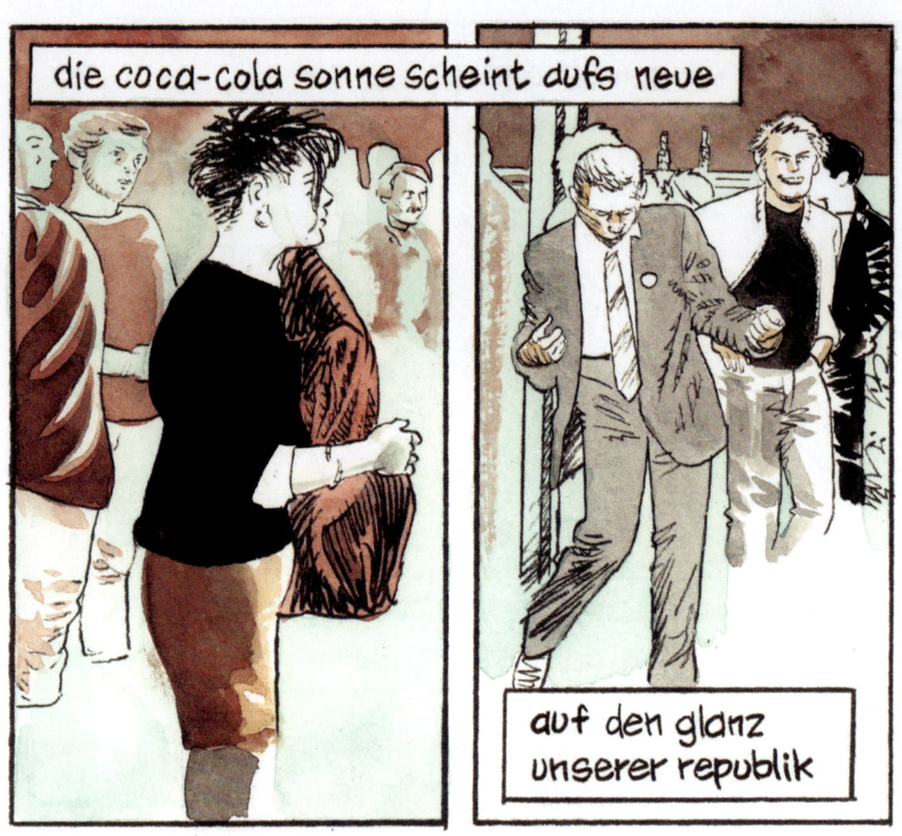
die coca-cola sonne scheint aufs neue
auf den glanz unserer republik

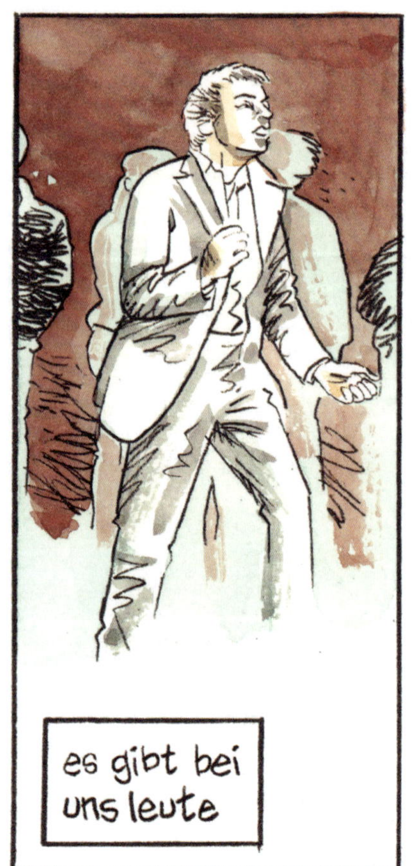
es gibt bei uns leute

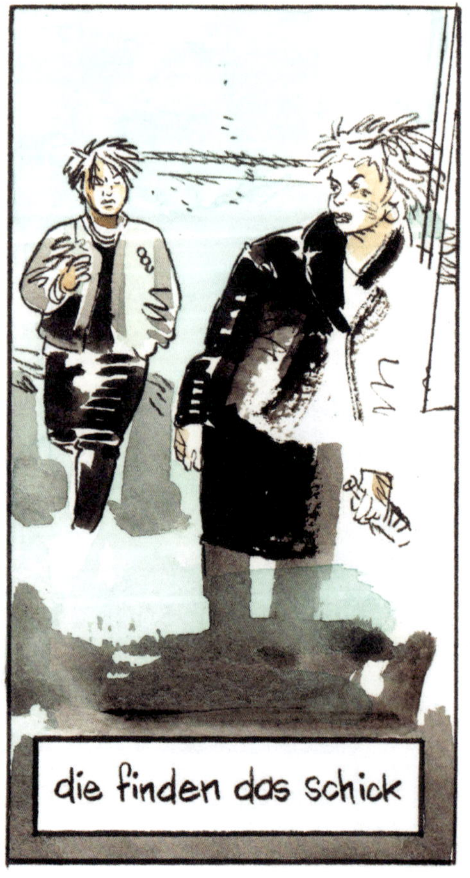
die finden das schick

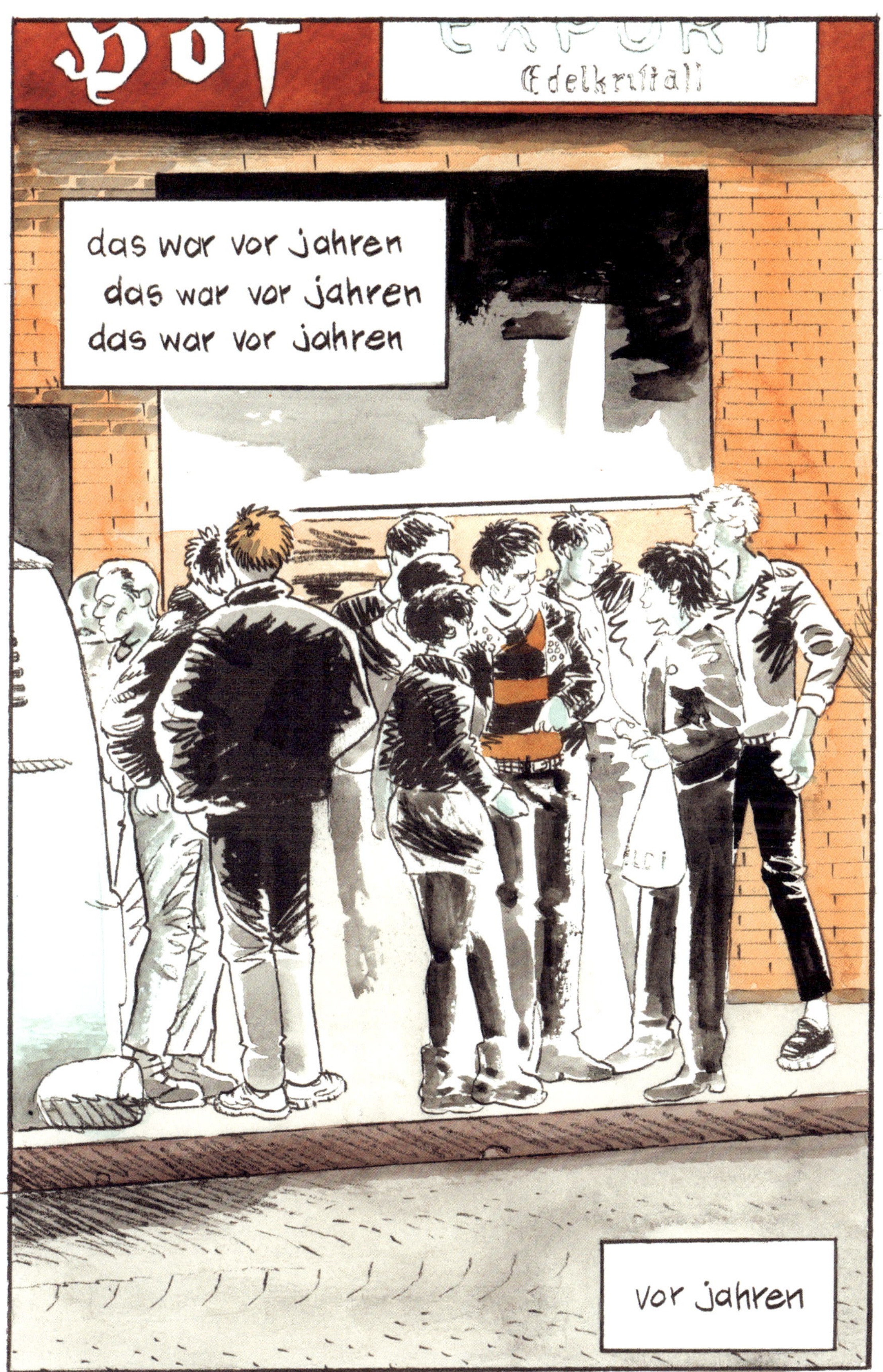
Edelkristall
das war vor jahren
das war vor jahren
das war vor jahren
vor jahren

Paul ist tot

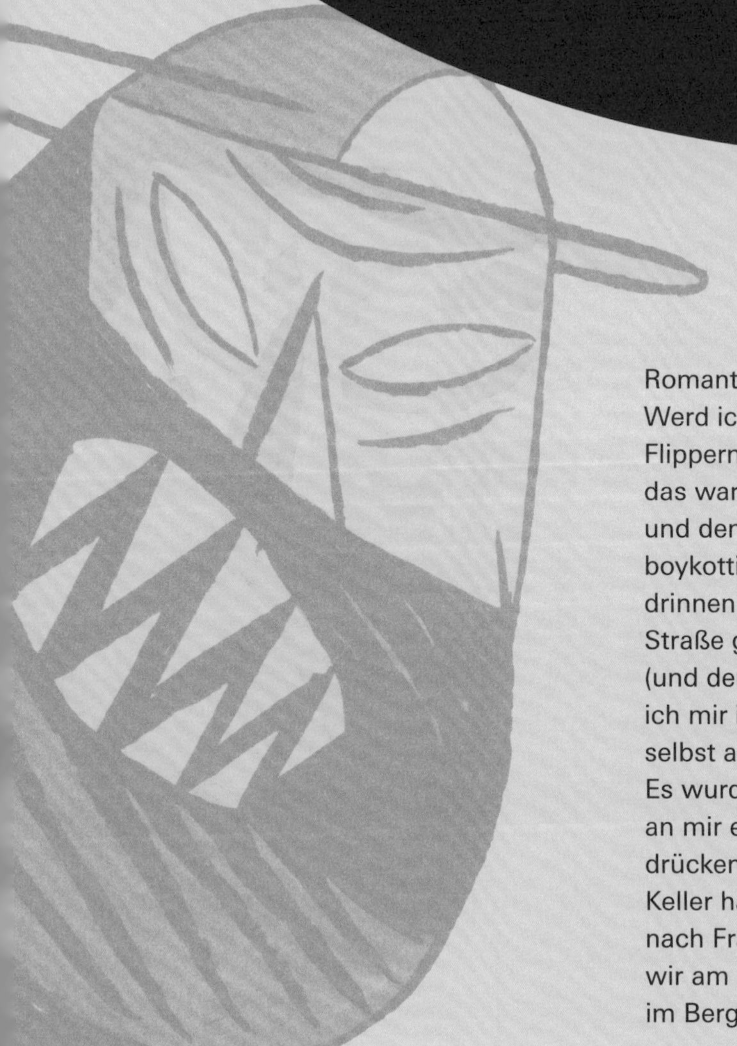

Romantik in grauen Zeiten, hält das alles? Werd ich nicht schnellstens ausgetauscht? Flippern zu zweit gleichzeitig an einem Gerät, das war Paul, und der war ja jetzt in England, und den Rosenmontagszug in der Altstadt boykottieren, aber im Fernsehen konnte man drinnen sehen, live, was draußen auf der Straße gerade stattfand, und was in dem Keller (und der sogenannten Küche) los war, hab ich mir immer nur erzählen lassen, ich hab ja selbst auf die Fässer gepisst beim Proben … Es wurde wohl wild geschlechtelt damals, aber an mir eher vorbei, um es vornehm auszudrücken. Alt und dumm, schon immer … Den Keller hatten wir aber 1980 schon verlassen, nach Franz' Erbschaft und Hochzeit »probten« wir am Stadtrand, und Fehlfarben dann sogar im Bergischen Land.

Peter Hein

In das Jahrbuch unseres Abi-Jahrgangs schrieb ich bei der Frage nach meinen Zukunftsplänen: »Bier kaufen, Band gründen, Welt retten«. Um die Jahrtausendwende waren schließlich zwei Drittel des Plans aufgegangen und wir versuchten uns an deutschen Texten, waren berauscht von dadurch resultierenden Irritationen und scheiterten oft in Kitsch und Selbstreferenziellem. Nur die Helden unserer Helden von damals – die Fehlfarben – blieben für uns unsichtbar. Wir ernteten die Früchte ihres muttersprachlichen Aufbegehrens und fühlten uns immer noch als Pioniere. Die Fehlfarben, das waren diese alten Punkerintellektuellen. Bestimmt ganz cool, aber bestimmt nicht als Projektionsfläche unserer Gefühlswelt geeignet.

So dachte ich vor 20 Jahren. Und jetzt rotiert in meinem Atelier plötzlich vier Wochen lang »Paul ist tot« in Dauerschleife auf YouTube. Ein Song als Sog. Subtil und kraftvoll zugleich. Er frisst sich tief in mein Unterbewusstsein und diktiert mir diese wahnwitzige Geschichte über den Paul-Bunyan-Flipperautomaten. Und just findet mich »Monarchie und Alltag« auch noch als gut erhaltenes Second-Hand-Vinyl beim Stöbern im neuen Kiez-Musikgeschäft.

Danke, Fehlfarben, für euer spätes Erscheinen in meinem Kopf und auf meinem Plattenteller!

Markus Färber

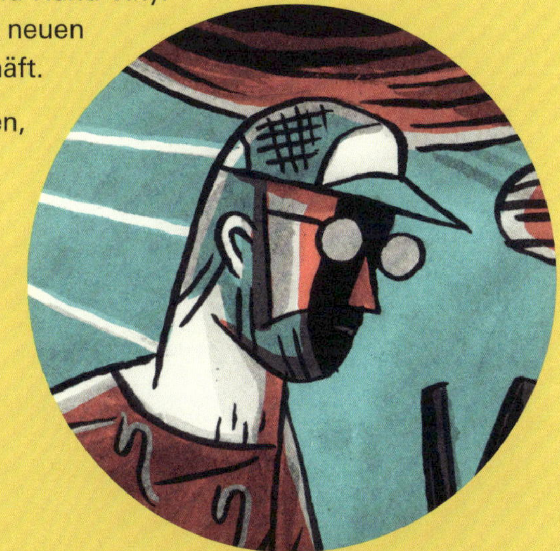

Markus Färber

Paul ist tot

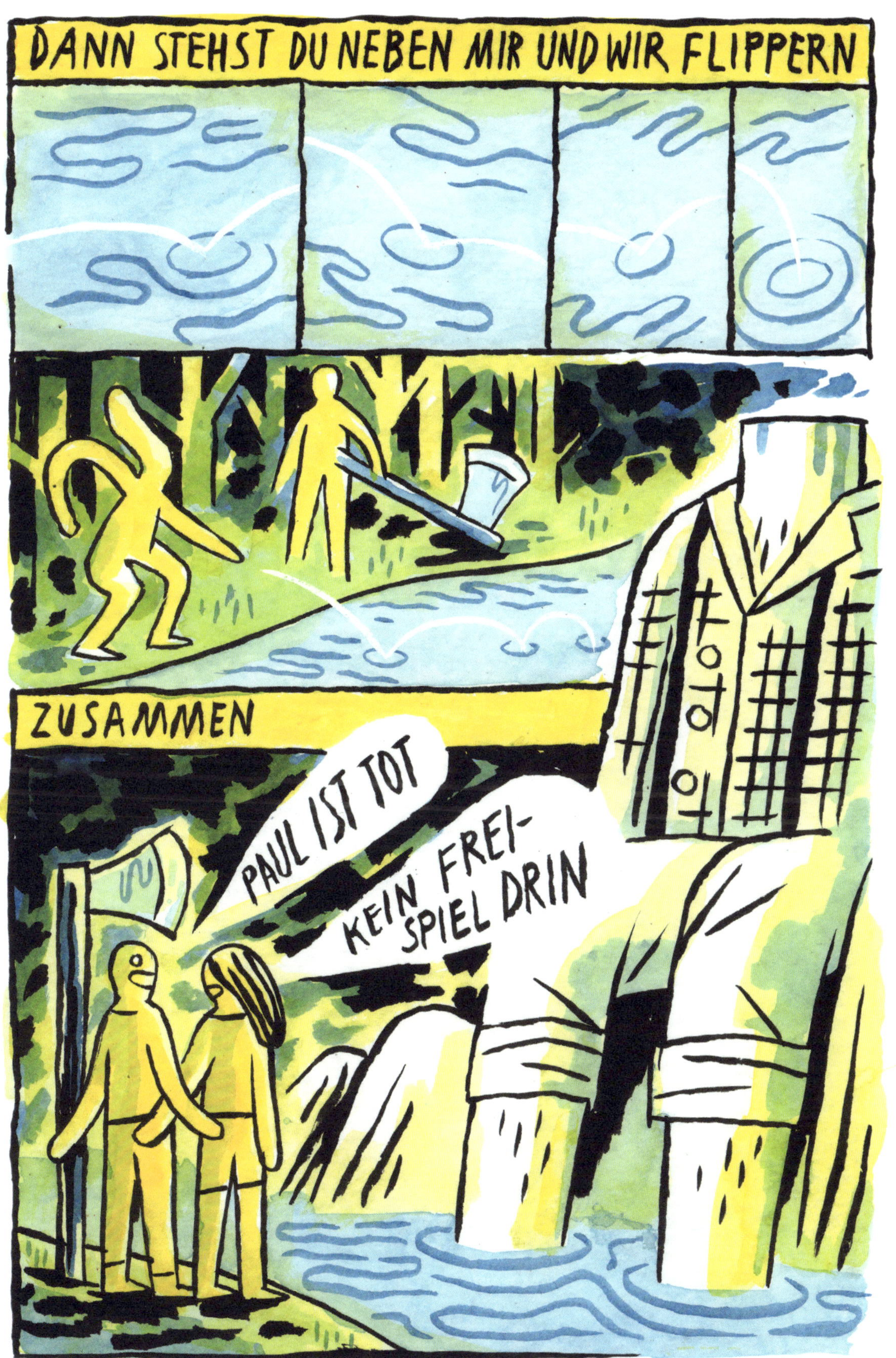
DANN STEHST DU NEBEN MIR UND WIR FLIPPERN
ZUSAMMEN
PAUL IST TOT
KEIN FREI-
SPIEL DRIN

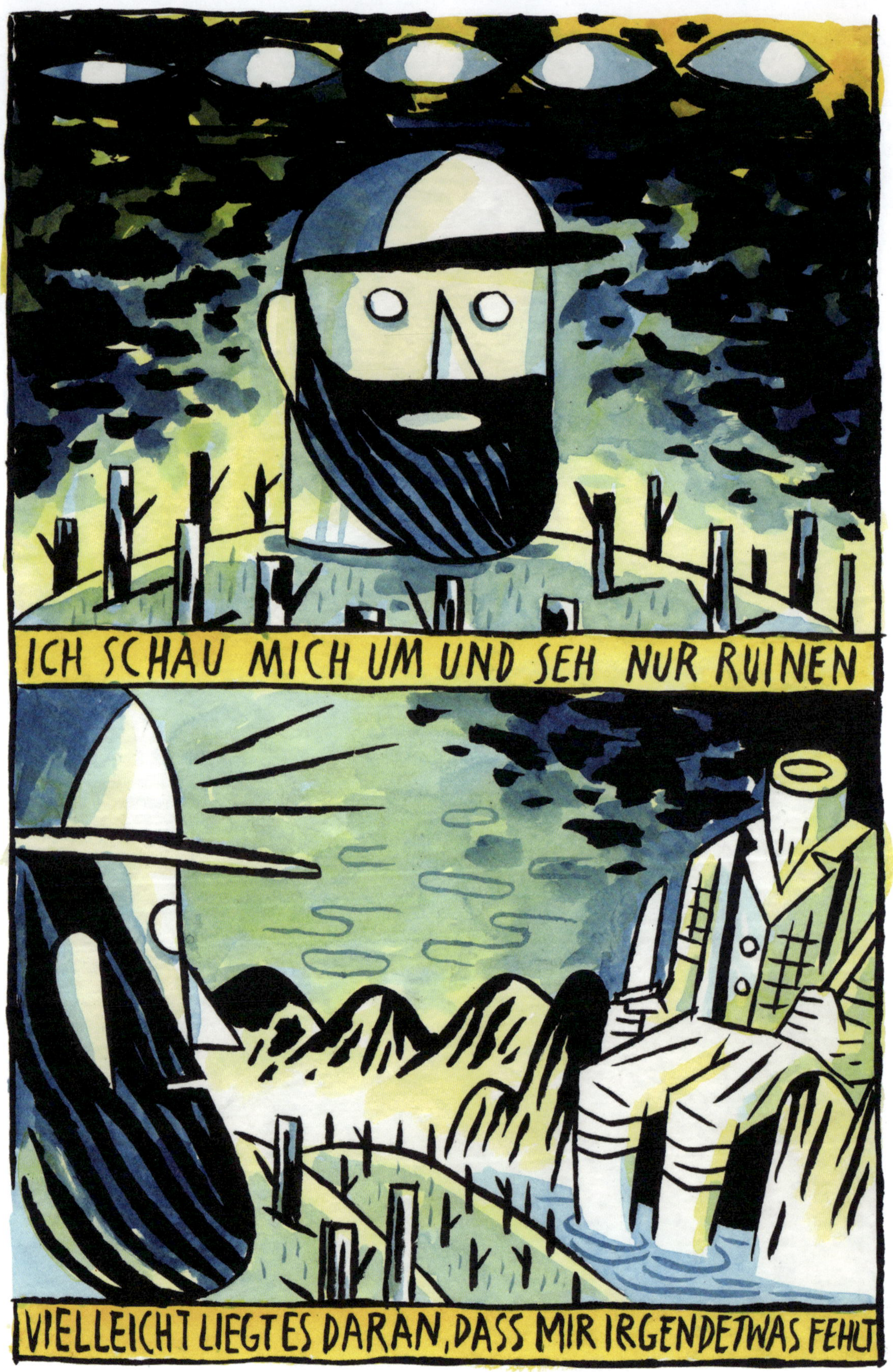
ICH SCHAU MICH UM UND SEH NUR RUINEN
VIELLEICHT LIEGT ES DARAN, DASS MIR IRGENDETWAS FEHLT

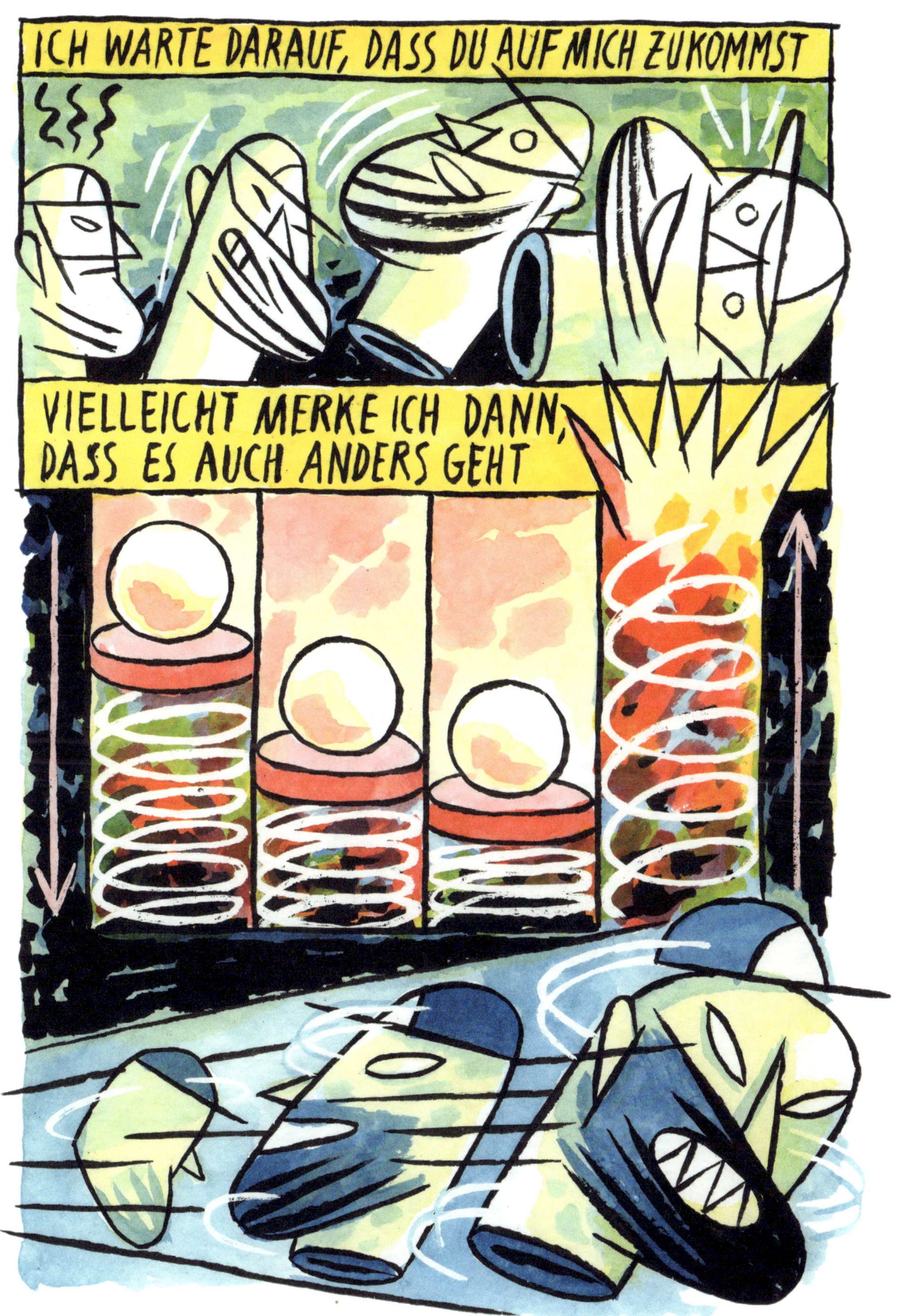
ICH WARTE DARAUF, DASS DU AUF MICH ZUKOMMST
VIELLEICHT MERKE ICH DANN, DASS ES AUCH ANDERS GEHT

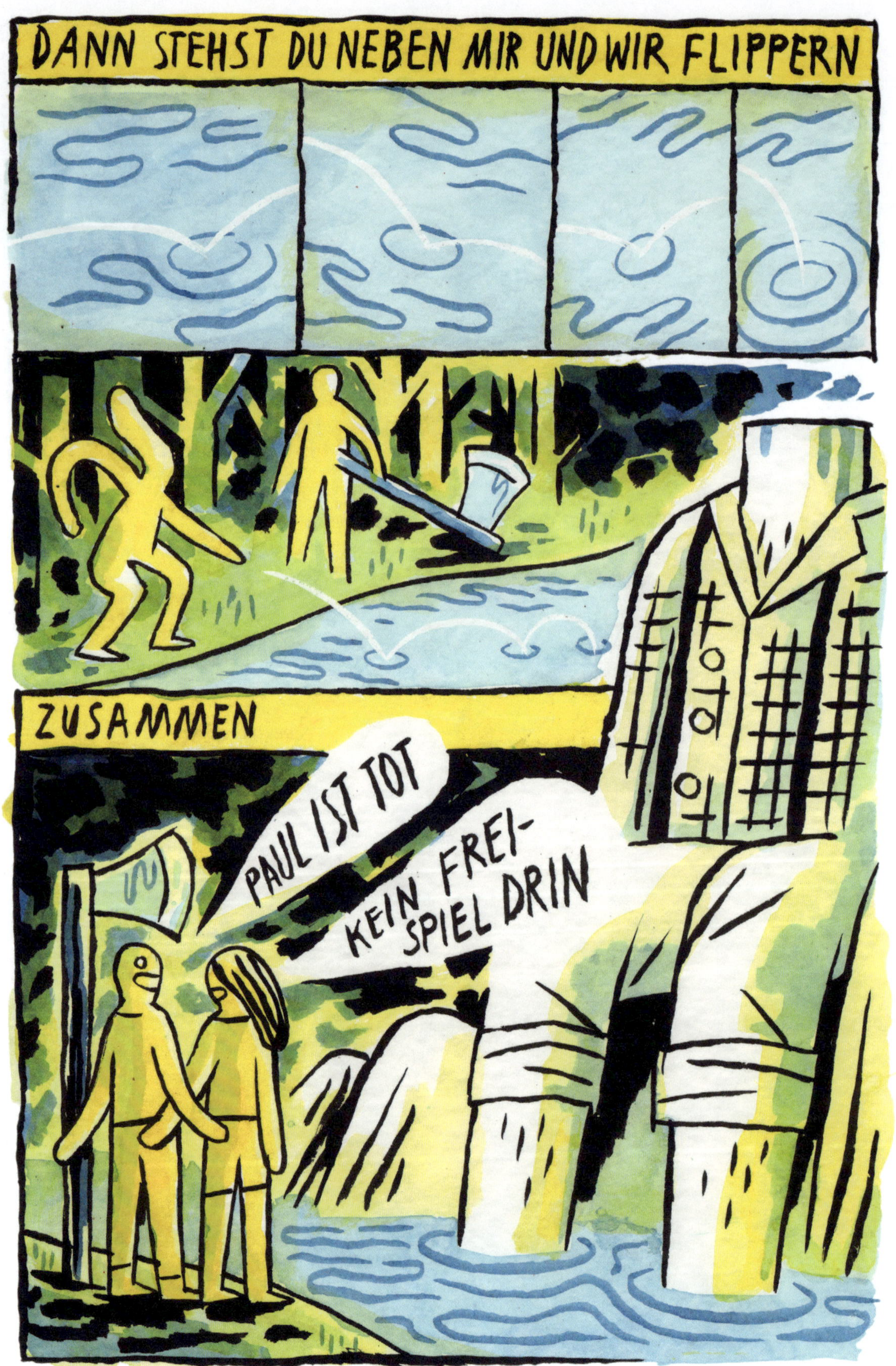
DANN STEHST DU NEBEN MIR UND WIR FLIPPERN
ZUSAMMEN
PAUL IST TOT
KEIN FREI-
SPIEL DRIN

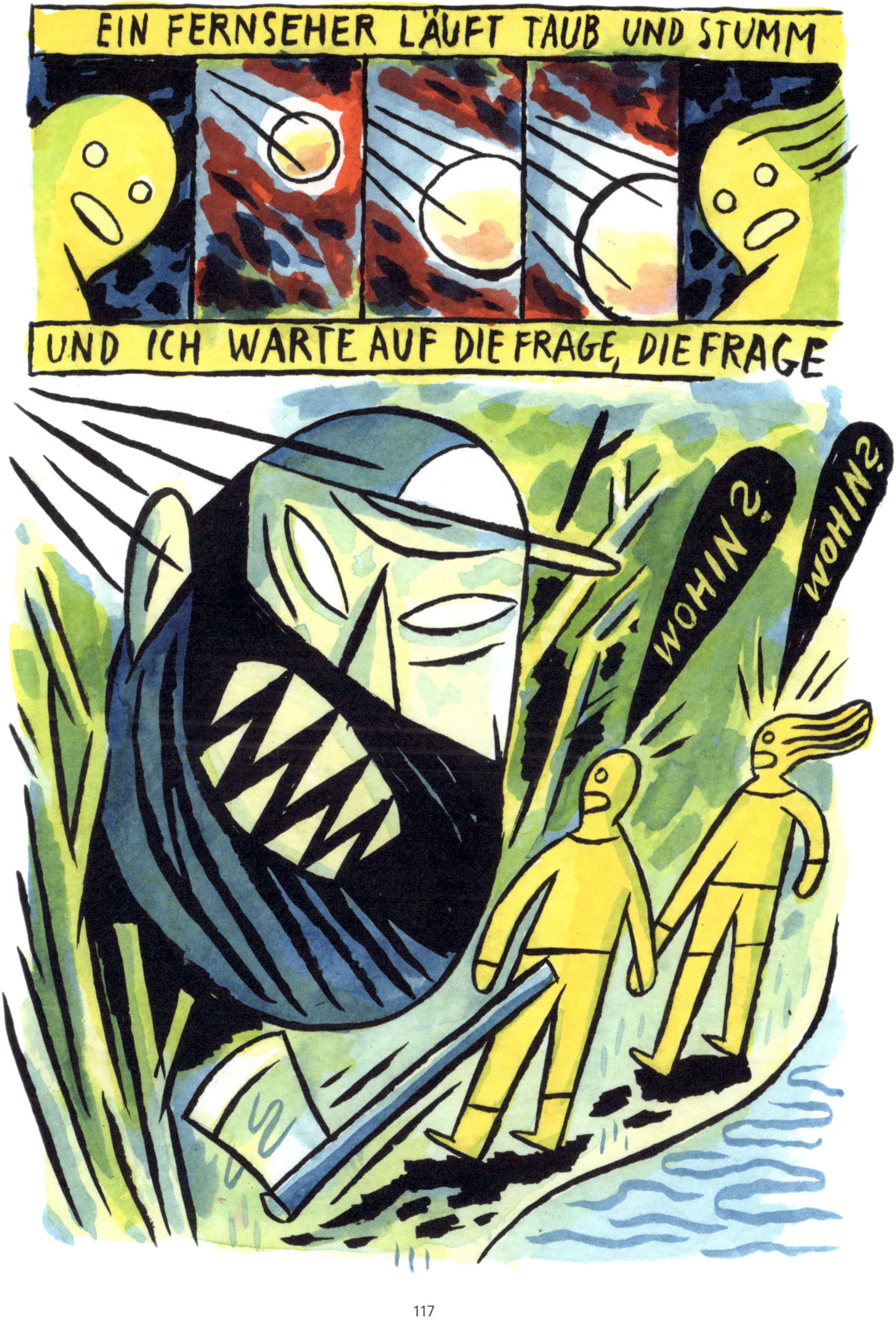

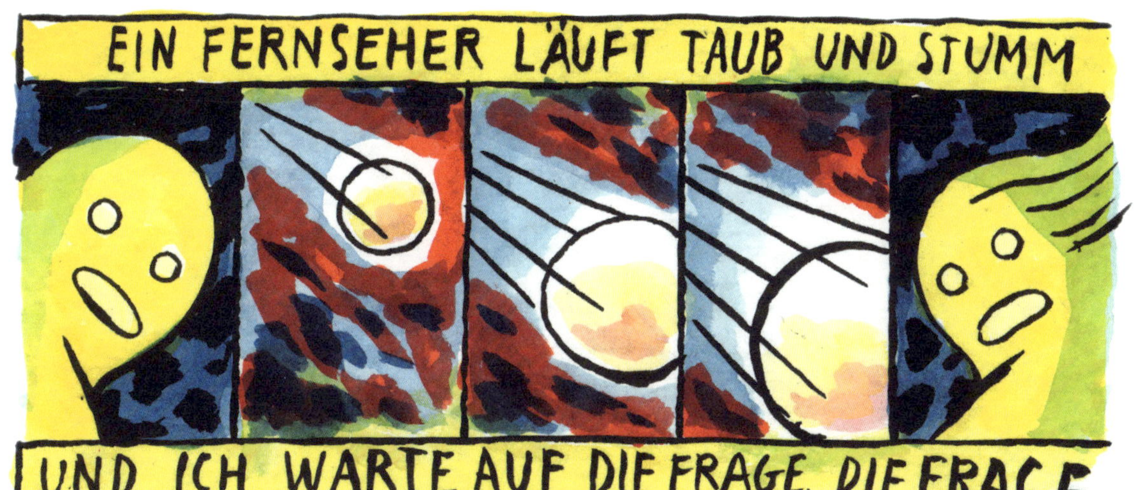
EIN FERNSEHER LÄUFT TAUB UND STUMM
UND ICH WARTE AUF DIE FRAGE, DIE FRAGE

WOHIN?
WOHIN?

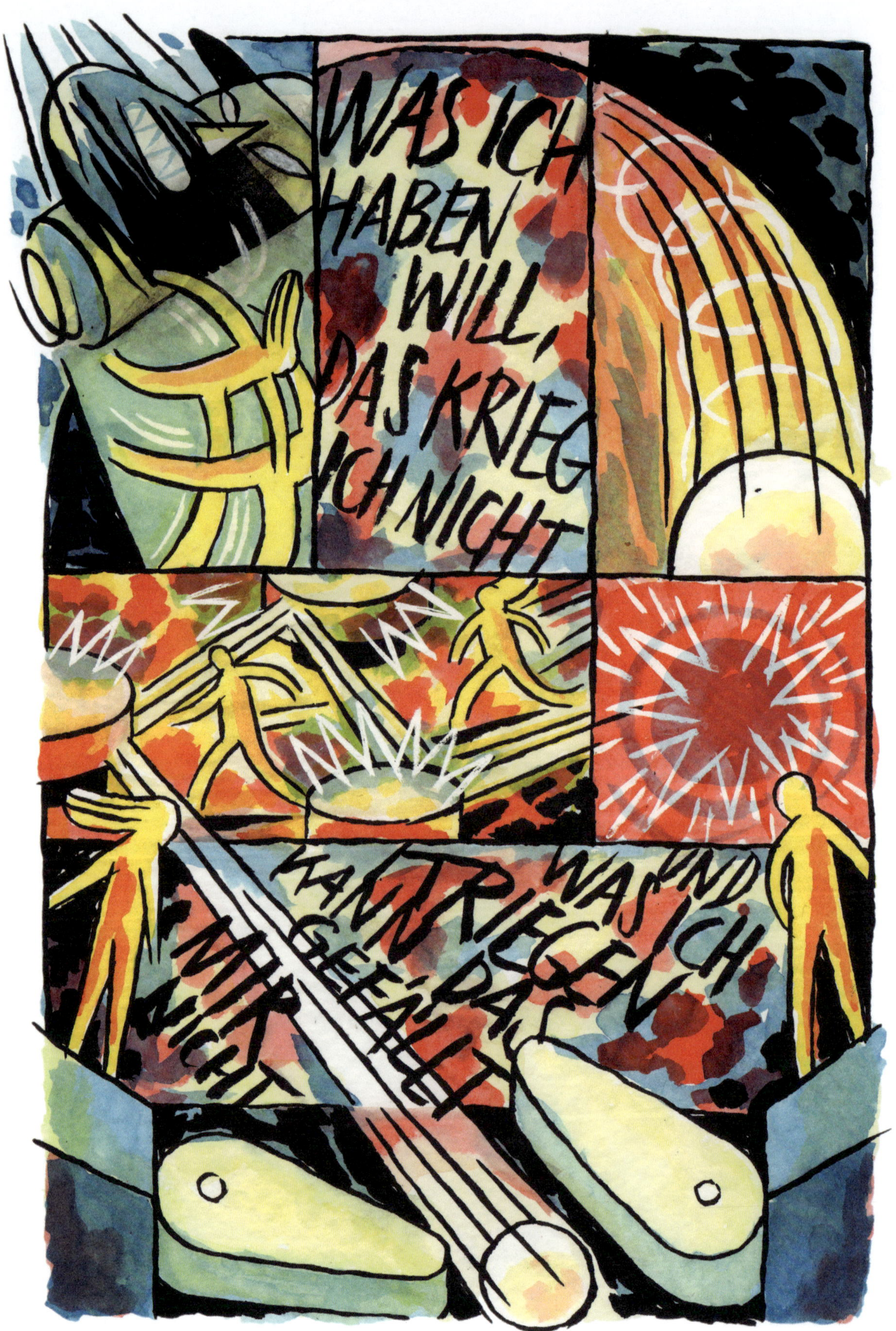

WAS ICH HABEN WILL, DAS KRIEG ICH NICHT
UND WAS ICH KRIEGEN KANN, DAS GEFÄLLT MIR NICHT

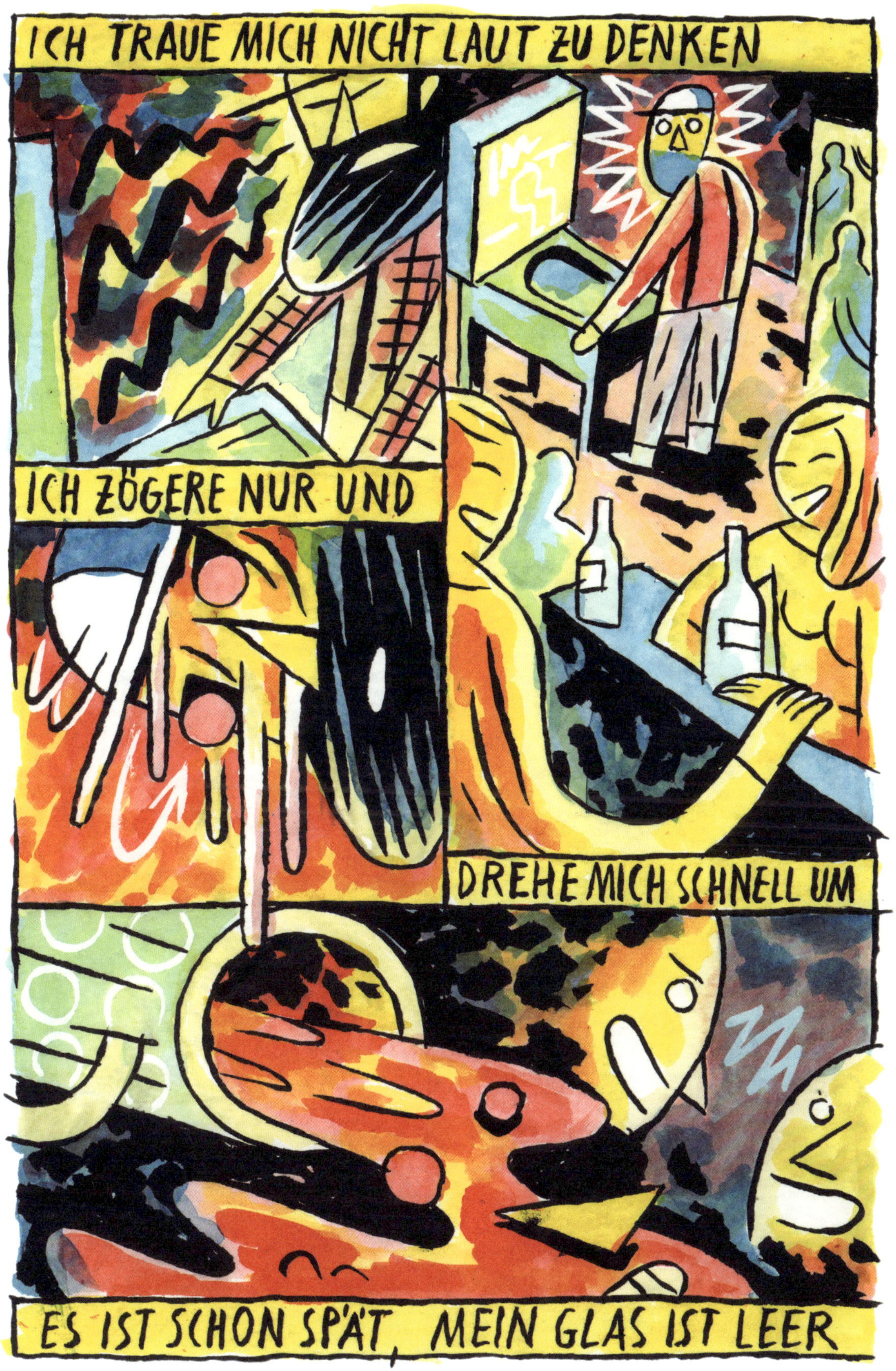
ICH TRAUE MICH NICHT LAUT ZU DENKEN
ICH ZÖGERE NUR UND
DREHE MICH SCHNELL UM
ES IST SCHON SPÄT, MEIN GLAS IST LEER

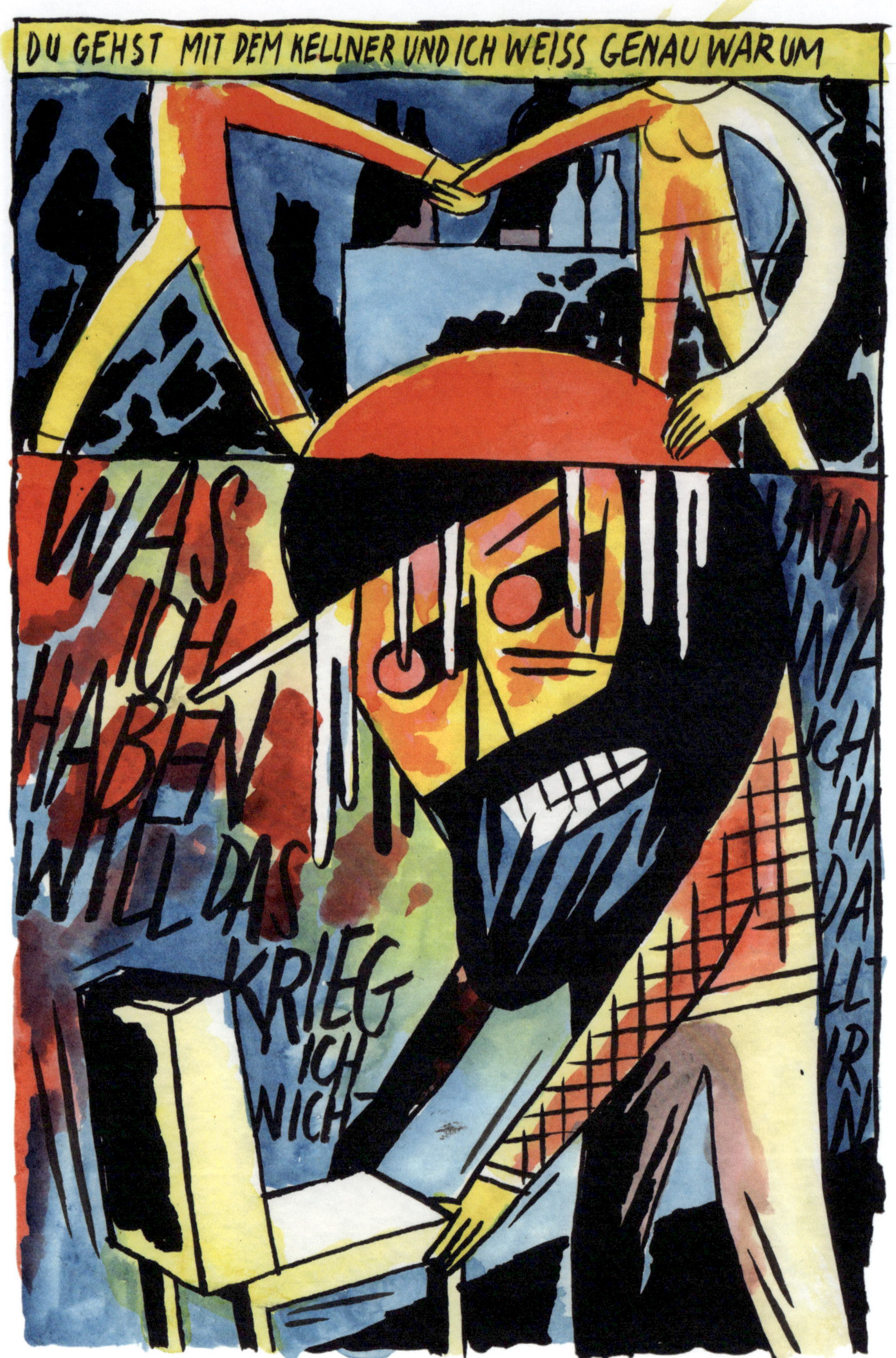
DU GEHST MIT DEM KELLNER UND ICH WEISS GENAU WARUM
WAS ICH HABEN WILL DAS KRIEG ICH NICHT
UND WA ICH H DA LL IRN

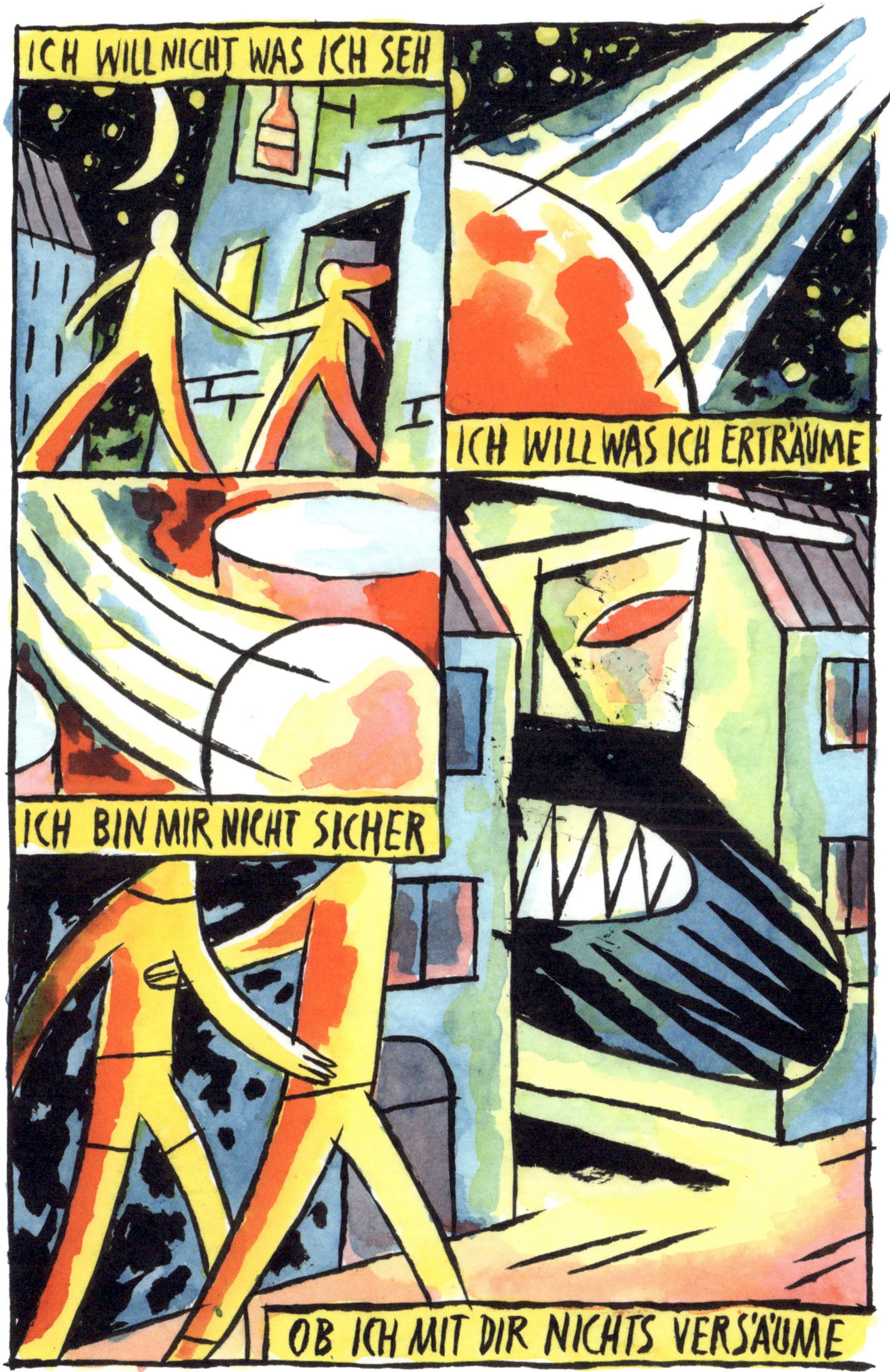
ICH WILL NICHT WAS ICH SEH
ICH WILL WAS ICH ERTRÄUME
ICH BIN MIR NICHT SICHER
OB ICH MIT DIR NICHTS VERSÄUME

Die Beitragenden

Die **18 Metzger** verdichten den Scheiß, den sie in sich finden, jede Woche für die Jungle World zu funkelnden Diamanten. Sie leben und arbeiten in Köln.

Markus Färber wurde 1981 im fränkischen Selbitz geboren. Er studierte in Würzburg Kunstpädagogik und später in Kassel bei Hendrik Dorgathen Illustration und Comic. Außerdem war er für zwei Semester Gast im Illustrationskurs von ATAK an der Burg Giebichenstein und veröffentlichte seine Abschlussarbeit, die Graphic Novel »Reprobus« 2012 bei Rotopolpress – woraufhin das Buch von der Stiftung Buchkunst zu einem der 25 schönsten Bücher des Jahres gekürt wurde. Nach einem kleinen Exkurs nach Berlin verschlug es ihn 2013 nach Leipzig, wo er bis heute als freischaffender Illustrator und Comiczeichner lebt und arbeitet. Ende 2021 veröffentlichte Rotopol den gemeinschaftlich mit seiner Schwester entstandenen Comic »Fürchtetal«. Als Teil des Posterkollektivs »Busy Hands« gestaltet er unter dem Pseudonym Holob Konzertplakate – wobei er dieses Pseudonym schon seit Studienzeiten auch für seine zahlreichen musikalischen Eigenveröffentlichungen verwendet. Trotz eher bescheidenem (und bis dato stagnierendem) Bekanntheitsgrad nimmt er weiterhin unermüdlich Musik auf, weswegen es ihm nur naheliegend erschien, 2021 sein eigenes kleines Kassetten-Label Cassettendienst zu gründen, über das er regelmäßig in Handarbeit produzierte MC-Kleinstauflagen – vor allem für befreundete Musiker unterschiedlichster Genres – veröffentlicht.

Tine Fetz, geb. 1984, illustriert, macht Comics und Musik. 2014 erschien ihr Comic »This is not Uganda – Beobachtungen aus Israel«. Tine Fetz veröffentlicht in zahlreichen Zeitungen und Magazinen. Für Nick Jongens Musikprojekt Ghost Bag spielt sie live Bass und illustriert LP-Cover. 2020 war Tine Fetz mit einem Beitrag am Tocotronic-Sammelband »Sie wollen uns erzählen« beteiligt und zeichnete über den Song »Der schönste Tag in meinem Leben«. Tine Fetz lebt in Berlin.

Karochy (auch bekannt als Karolina Chyzewska für diejenigen, die die korrekte Schreibweise beherrschen) wurde 1986 in Göttingen geboren. Im Alter von zehn Jahren begegnete sie ihrer ersten Rivalin in einem Duell, wer die Sailor-Kriegerinnen am besten zeichnen kann. Das Band wurde nie gebrochen und sie sind bis heute sehr gute Freundinnen. Während ihres Studiums lernte Karochy ihre zukünftigen Mitstreiterinnen kennen, die sich den kraftvollen Namen Die Goldene Discofaust gaben – das Kollektiv der Frauen, die durch Kunst, Partys und Liebe die Welt erobern. Seit ihrem Abschluss im Jahr 2014 arbeitet Karochy als freiberufliche Animatorin, Illustratorin, Comiczeichnerin und Grafik Designerin in Berlin. Ihr Comicdebüt hatte sie 2015 mit ihrer Graphic Novel »Fast wie zu Hause« (Centrala und Edition l'œuf).

Anke Kuhl hat nach dem Studium an der HfG in Offenbach mit anderen Gestalter*innen (u.a. mit Moni Port und Philip Waechter) die Labor Ateliergemeinschaft in Frankfurt gegründet. Seit über 20 Jahren entwickelt sie dort Illustrationen und Texte, vor allem für Kinderbücher. »Lehmriese lebt!« (Reprodukt, 2015) war ihr erster Comicband. Später hat sie in »Manno!« (Klett Kinderbuch, 2020) aus ihrer eigenen Kindheit in Comicgeschichten erzählt. Das Buch wurde mit dem Leibinger Comicbuchpreis und dem Max und Moritz-Preis für den besten Comic für Kinder ausgezeichnet.

Nicolas Mahler, geboren 1969. Lebt als Zeichner in Wien. Macht Witze, gezeichnete Literaturadaptionen und autobiografische Der-Künstler-leidet-Comics. Zuletzt erschienen: »Ulysses« nach James Joyce, »Schwarze Spiegel« nach Arno Schmidt und »Thomas Bernhard – die unkorrekte Biografie«, alle bei Suhrkamp. Beliebteste Witzesammlung: »Mein Therapeut ist ein Psycho!« (Edition Moderne). Für Einsteiger in das Genre »Künstler-leidet« empfohlen: »Die Goldgruber-Chroniken« (Reprodukt). www.mahlermuseum.com

Andreas Michalke, geb. 1966. Erste Veröffentlichungen Ende der 80er in Punk-Fanzines Kabeljau, Trust und Zap. Ab 1993 bei Reprodukt. Letztes Buch: »Der analoge Mann. Comic-Kolumnen aus der Jungle World« (Reprodukt, 2019).

Ricaletto wurde 1986 in Hoyerswerda/Wojerecy geboren. Er lebt und arbeitet in Berlin als Grafiker, Tätowierer und Musiker.

Anna Sommer, geb. 1968, lebt und arbeitet in Zürich, seit 1996 als freischaffende Illustratorin und Comizeichnerin unter anderem für NZZ Folio, WoZ, Libération und Strapazin. Sie wurde im Jahre 2006 von der Stadt Zürich mit dem Werkjahr im Bereich Comics ausgezeichnet. Für ihre Graphic Novel »Das Unbekannte«, erschienen bei Edition Moderne, erhielt sie 2017 das Comicstipendium der Deutschschweizer Städte. Weitere Graphic Novels und Bilderbücher von ihr sind beim SJW Verlag, Edition Moderne, Les Cahiers Dessinés und Actes Sud erschienen.

Frank Witzel lebt in Offenbach und Berlin, wo er vor allem schreibt und manchmal zeichnet. Letzte Veröffentlichungen: »Erhoffte Hoffnungslosigkeit: Metaphysisches Tagebuch II« (Matthes & Seitz 2021); »Die Unmöglichkeit eines Ich« (Vittorio Klostermann 2021).

Minou Zaribaf veröffentlichte ihre ersten Comics Anfang der 1990er-Jahre in dem Comic-Fanzine Artige Zeiten. Eigene Comichefte wurden später von dem Berliner Verlag Reprodukt verlegt. Von 2006 bis 2011 zeichnete sie für die Wochenzeitung Jungle World den Comic-Strip »Rockrätseln«. Seit 2003 lebt die gebürtige Hamburgerin in Berlin und arbeitet freiberuflich für verschiedene Verlage als Grafikerin mit den Schwerpunkten Buchherstellung, Satz und Lettering.

Musik & Text »Hier und jetzt«, »Grauschleier«, »Das sind Geschichten«, »All That Heaven Allows«, »Gottseidank nicht in England«, »Apokalypse«, »Ein Jahr (Es geht voran)«, »Angst«, »Das war vor Jahren« und »Paul ist tot«: Uwe Bauer, Frank Fenstermacher, Peter Hein, Michael Kemner, Thomas Schwebel. Verlegt bei Fehlfarben Musikverlag/ Schacht Musikverlage

Musik: »Militürk«: Musik: Uwe Bauer, Frank Fenstermacher, Peter Hein, Michael Kemner, Thomas Schwebel. Text: Gabi Delgado-Lopez. Verlegt bei Fehlfarben Musikverlag/Schacht Musikverlage/ Wintruo Musikverlage

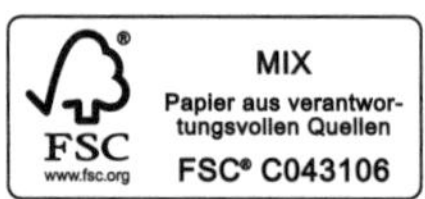

In Kooperation mit Tapete Records

1. Auflage 2022
ISBN 978-3-95575-171-5

Coverillustration: 18 Metzger
Layout: Oliver Schmitt
Druck und Bindung: Grafisches Centrum Cuno, Calbe

Ventil Verlag, Boppstr. 25, 55118 Mainz
www.ventil-verlag.de